Karsten Ritschl
Der Geist des NLP
Neurolinguistisches Programmieren zum Kennenlernen

Ausführliche Informationen zu weiteren Büchern des Autors sowie zu jedem unserer lieferbaren und geplanten Bücher finden Sie im Internet unter www.junfermann.de – mit ausführlichem Infotainment-Angebot zum **JUNFERMANN**-Programm ... mit Newsletter und Original-Seiten-Blick ...

Besuchen Sie auch unsere e-Publishing-Plattform www.active-books.de – mittlerweile mehr als 300 Titel im Angebot, mit zahlreichen kostenlosen e-Books zum Kennenlernen dieser innovativen Publikationsmöglichkeit.

Übrigens: Unsere e-Books können Sie leicht auf Ihre Festplatte herunterladen!

Eine Auswahl von e-Books bei www.active-books.de:
Isert, Bernd: „Der Baum des NLP" (kostenlos)
Schmidt-Tanger, Martina: „Glaube versetzt Berge" (kostenlos)
Stahl, Thies: „NLP Kompakt" (€ 5,00)
Amsler, Ronald: „Alltagstrancen und Hypnose" (€ 2,00)
Besser-Siegmund, Cora: „Wingwave – wie der Flügelschlag eines Schmetterlings" (€ 2,50)

Karsten Ritschl

Der Geist des NLP

Neurolinguistisches Programmieren zum Kennenlernen

Junfermann Verlag • Paderborn
2007

Copyright © Junfermannsche Verlagsbuchhandlung, Paderborn 2001
2. Auflage 2007
Text-Illustrationen: Aruna Palitzsch

Alle Rechte vorbehalten.

Das Werk einschließlich aller seiner Teile ist urheberrechtlich geschützt. Jede Verwendung außerhalb der engen Grenzen des Urheberrechtsgesetzes ist ohne Zustimmung des Verlages unzulässig und strafbar. Dies gilt insbesondere für Vervielfältigungen, Übersetzungen, Mikroverfilmungen und die Einspeicherung und Verarbeitung in elektronischen Systemen.

Satz: JUNFERMANN Druck & Service, Paderborn

Bibliographische Information der Deutschen Bibliothek

Die Deutsche Bibliothek verzeichnet diese Publikation in der Deutschen Nationalbibliographie; detaillierte bibliographische Daten sind im Internet über http://dnb.ddb.de abrufbar.

Dieses Buch ist eine überarbeitete Neuauflage der früher bei Simon & Leutner erhältlichen Ausgabe.

ISBN 978-3-87387-474-9

Inhalt

Vorwort 6
Danksagung 7
Bevor es losgeht 8

1. Einleitung oder „Der Geist des NLP" 9

**2. Ziele oder „Wie Du mit Spaß und Freude
Deine Zukunft gestalten kannst"** 25

**3. Wahrnehmung oder „Wie Du mit allen Sinnen
die Welt erleben kannst"** 39

**4. Rapport oder „Wie Du andere dazu einladen kannst,
gern mit Dir zusammen zu sein"** 57

**5. Positiver innerer Zustand oder „Wie Du jeden Tag
Lebensfreude in Dir herstellen kannst"** 71

**6. Heiße Tips für Einsteiger oder
„Was sich noch zu wissen lohnt"** 89

Anhang 113
Kleines NLP-Lexikon – von A wie Ankern bis Z wie Ziele 113
Literatur 118
Stichwortverzeichnis 120
Wir über uns 122

Vorwort

In meinen Schnupperkursen bzw. Vorträgen zu Kreativität, Gesundheit oder Lernen werde ich oft um einen Buchtip gebeten, um NLP leicht und mit Freude kennenzulernen.

Dieses Buch schließt eine Lücke in der bisherigen NLP-Literatur. Es begleitet den Leser auf respektvolle, liebevolle Weise bei der Entdeckung des NLP.

Genau so eine Einführung und Heranführung an den Geist des NLP habe ich immer gesucht. Ganz besonders, weil es in diesem Buch gelungen ist, auf das übliche NLP-Chinesisch zu verzichten.

Mit der lebendigen, sinnlich nachvollziehbaren Schreibweise dieses Buches ist es dem Autor gelungen, NLP erlebbar zu machen.

Die stimmige Aufmachung, die übersichtliche Darstellung und die Dramaturgie des Buches lassen die Liebe und den Respekt im Umgang mit anderen Menschen spürbar werden. Es berührt auf unmittelbare sanfte Art und läßt jedem Leser die Freiheit, selbst zu entscheiden, wie weit er sich auf die Begegnung einlassen will.

Eine schöne Bereicherung auf dem NLP-Buchmarkt, gerade richtig zum Verschenken und neugierig machen.

Berlin, März 2001
Evelyne Maaß

Ich bedanke mich
ganz herzlich bei ...

... Inge Grimm, die mir bei der Bearbeitung und Korrektur des Buches sehr behilflich war und deren Anregungen für mich ausgesprochen wertvoll waren.

... Evelyne Maaß, mit der ich seit vielen Jahren das NLP spielerisch und mit viel Spaß lehren und lernen und in unseren gemeinsamen Seminaren immer wieder neu entdekken und weiterentwickeln kann.

... meinen Lehrern, wie z.B. Gundl Kutschera, John Grinder und Anthony Robbins, die mich mit ihrer Persönlichkeit, ihrem Verständnis von NLP und ihren Methoden unterstützten.

... Aruna, die die Ideen mit ihrem Talent in Bilder umgesetzt hat und mit ihren Zeichnungen Leichtigkeit und Spaß einfließen läßt.

... allen Teilnehmern unserer Ausbildungen und Seminare.

Bevor es losgeht ...

... möchte ich Dich auf einige Punkte aufmerksam machen.

1. Seit einigen Jahren existiert das Neurolinguistische Programmieren (NLP) in der Weiterbildungs-Szene. Diese Einführung ins NLP möchte Dir den „Geist des NLP" und einige wesentliche Grundfertigkeiten vorstellen. Ich möchte Dich einladen, NLP etwas näher kennenzulernen und auszuprobieren.

2. Liebe Leserin, Lieber Leser! Ich möchte Dir in diesem Buch das „Du" als Anrede anbieten, da es für mich die vertrauteste und einfachste Möglichkeit bietet, einen guten Kontakt und Nähe zu Dir herzustellen. Wenn Sie jedoch gesiezt werden möchten, bitte ich Sie, Ihre Vorstellungskraft zu nutzen und sich für jedes „Du" ein „Sie" zu visualisieren.

3. Dieses Buch enthält Meinungen und Erfahrungen und keine Wahrheiten. Es möchte Dich ermuntern, eigene Erfahrungen zu machen und NLP in Deinem Leben auszuprobieren. Ich hoffe, daß Du am Ende des Buches nicht nur mehr über den „Geist des NLP" weißt, sondern auch einiges davon erlebt und vielleicht schon erfahren hast.

Ich wünsche Dir viel Spaß dabei.

1. Einleitung oder „Der Geist des NLP"

Was kann NLP Dir nutzen?

Die Psychologie hat einige Verfahren zur Veränderung des persönlichen Erlebens hervorgebracht. Diese lassen sich grob vereinfacht unterscheiden in problemorientierte und zielorientierte Methoden.

NLP ist eine zielorientierte Methode

Problemorientierte Methoden stellen folgenden Fragen:
→ Was ist Dein Problem?
→ Warum hast Du es?
→ Was genau hindert Dich?
→ Was ist die Ursache des Problems? usw.

Zielorientierte Methoden befassen sich dagegen mit folgenden Fragestellungen:
→ Was ist Dein Ziel?
→ Wie kannst Du es erreichen?
→ Was brauchst Du noch, um es zu erreichen?
→ Wie siehst Du aus, wenn Du Dein Ziel erreicht hast? usw.

Während Du die Fragen gelesen hast, änderte sich vielleicht auch die Qualität Deines inneren Erlebens. Sich mit einem Problem zu beschäftigen löst eine andere Gefühls-Qualität aus, als sich mit einem Ziel zu beschäftigen. Sicherlich kennst Du den Zustand aus dem Alltag, wenn Du z.B. mit jemandem stundenlang Probleme „gewälzt" hast, ohne nach Lösungen zu suchen.

Die Art Deiner Fragestellung bestimmt die Antworten und die Qualität Deines Erlebens. Das bezieht sich nicht nur auf Deine Kommunikation mit anderen, sondern auch auf Deine Kommunikation mit Dir selbst.

So bekommst Du bei allen „Warum"-Fragen letztendlich Gründe, Motive oder Ursachen als Antwort. Beispiel: „Warum schaffe ich es nicht, meinen Freund Alfred beim Tennis zu besiegen?" Mögliche Antworten: „Weil ich zu wenig Kondition habe" oder „Weil ich den falschen Schläger habe" oder „Weil das Wetter nicht das richtige ist" oder „Weil ich zu spät mit dem Tennisspielen angefangen habe" oder, oder, oder.

Stellst Du jedoch z.B. „Wie"-Fragen, so bekommst Du Antworten, die Dich bereits an die Lösung denken lassen und Dir mögliche Handlungsalternativen aufzeigen. Beispiel: „Wie kann ich meinen Freund Alfred am nächsten Mittwoch beim Tennis besiegen?" Mögliche Antworten hier: „Indem ich konzentriert spiele und ruhig bleibe" und „Indem ich mir einen guten Tennisschläger besorge" und „Indem ich meine Vorhand verbessere" und „Indem ich mich innerlich auf Erfolg einstelle" usw.

In gleicher Weise könnte man mit „Wie genau ..."-Fragen weitermachen, bis der Lösungsweg, den man ausprobieren möchte, deutlich ist.

Da „Warum"-Fragen viele Antworten zu Motiven und Ursachen geben können, werden sie gerne zur Problemanalyse genutzt. Man nennt diese Art der Fragestellung deshalb problemorientiert und die „Wie"-Fragen lösungs- oder zielorientiert. Natürlich gibt es auch einige „Wie"-Fragen, die nicht zielorientiert (z.B. „Wie konnte das nur passieren?") und einige „Warum"-Fragen, die nicht problemorientiert sind (z.B. „Warum lohnt es sich, das Ziel zu erreichen?"). Von Bedeutung sind die Antworten, zu denen uns eine Frage führen kann.

Für Veränderungen sind die problemorientierten Fragen soweit interessant, als daß sie Dir Informationen über den Problemzustand geben. Die Informationen allein nützen jedoch in der Regel recht wenig, es sei denn, daß man nun weiß, wie das Problem organisiert ist und was man nicht haben möchte, um dann daraus ein Ziel zu formulieren.

Das Entscheidende bei zielorientierten Methoden wie dem NLP ist, daß ein großer Teil der Energie und Aufmerksamkeit darauf gerichtet ist, wie Du Deine eigene Zukunft aktiv gestalten und damit Dein Leben selbst in die Hand nehmen kannst.

Runter von der Wartebank, das Leben aktiv gestalten

NLP schaut sich das „Geheimnis" besonders erfolgreicher Menschen an

Wie handeln erfolgreiche Menschen? Wie verhalten sie sich? Was denken sie? Welche Erfolgsstrategien haben sie? Ähnliche Fragen müssen sich Anfang der siebziger Jahre u.a. die beiden Amerikaner John Grinder und Richard Bandler auch gestellt haben. Sie übertragen eine Methode, die damals im Verkaufsbereich erfolgreich angewandt wurde, auf den kommunikationspsychologischen Bereich: das „Master-Modelling".

Beim „Master-Modelling" werden die Verhaltensweisen und Gedanken von erfolgreichen „Modellen" beobachtet und analysiert. Bandler und Grinder „modellierten" u.a. die Arbeit von Milton Erickson (Hypnotherapie), Virginia Satir (Familientherapie) und Fritz Perls (Gestalttherapie). Sie alle waren Begründer und Entwickler erfolgreicher Therapie-Verfahren, brillante Therapeuten und exzellente Kommunikatoren. Beim „Modellieren" standen nicht die „*Warum* sind sie erfolgreich?"-*Fragen* im Vordergrund, sondern die „*Wie* handeln sie?"-*Fragen*, die es ermöglichen, herauszufinden, was erfolgreiche Menschen konkret tun, um bestimmte Ergebnisse zu erzielen.

Das Lernen am Modell ist eine einfache und spielerische Möglichkeit des Lernens. So lernen z.B. Kinder durch die Beobachtung von Erwachsenen bestimmte Verhaltensweisen und ersparen sich dadurch einige schmerzhafte Erfahrungen, die sie eventuell bei der „Ich versuche es mal – Oh, ich habe mich geirrt"-Methode erlebt hätten. In vielen Verhaltenstrainings werden Videos gezeigt, die erfolgreiche „Modelle" darstellen. Sportler, Lehrer, Manager und Verkäufer versuchen in Trainingsveranstaltungen, auf diese Art zu lernen und ihr Verhalten zu optimieren.

Wenn Du also auf einem bestimmten Gebiet erfolgreicher sein möchtest, z.B. in der Partnerschaft, beim Sport oder im Arbeitsbereich, suche Dir „Modelle", die Deiner Meinung nach auf diesem Gebiet bereits erfolgreich sind. Dann finde im einzelnen heraus, was genau sie getan haben, um erfolgreich zu sein. Finde die wesentlichen Teile des Erfolgsverhaltens heraus und übertrage die Erfolgsstrategien auf Dein Leben und Deine Persönlichkeit.

Das Ergebnis dieses „Modellieren" ist eine Methode, die es jedem erlaubt, eigene Fähigkeiten und Fertigkeiten weiterzuentwickeln und Kommunikationsprozesse erfolgreich zu gestalten.

Das Neurolinguistische Programmieren (NLP) war geboren.

Was verbirgt sich hinter dem Begriff Neurolinguistisches Programmieren?

Das Wort „Neuro" läßt sich vom griechischen Wort „neuron" ableiten. Neuronen (Nervenzellen) sind die Bausteine unseres Nervensystems. Bis zu 100 Milliarden soll es davon in unserem Körper geben (das entspricht etwa der Anzahl der Sterne in der Milchstraße). Die Neuronen leiten elektrische Signale von Sinnesorganen zu Neuronen, Neuronen zu Neuronen, und schließlich auch von Neuronen zu den Muskeln, Drüsen und Gefäßen. Es findet also ein gewaltiger Informationsfluß in uns statt, getragen von einem umfangreichen neuronalen Netzwerk. Bei allem, was wir tun (oder auch nicht tun), ist unser Nervensystem und damit unser Körper beteiligt. Kenntnisse über seine Funktionsweise und seine Reaktionen geben wichtige Hinweise für Lern-Prozesse.

Interessant sind Hinweise aus der neueren Hirnforschung, daß sich die neuronalen Netzwerke durch „Lernen" neu entwickeln und neu bilden können.

Du bist an der Verknüpfung und Stabilisierung Deiner Nervenbahnen aktiv beteiligt!

Vereinfacht zusammengefaßt könnte man sagen: jedes menschliche Verhalten ist das Ergebnis von komplexen neurologischen Prozessen.

„Du bist an der Verknüpfung und Stabilisierung Deiner Nervenbahnen aktiv beteiligt!"

„Lingua" heißt Sprache. „Linguistisch" heißt die Sprache betreffend. Die Sprache ist ein wunderbares Geschenk. Mit Hilfe der Sprache können wir uns anderen mitteilen, über Erfahrungen und Wissen reden, Witze machen, Vorträge halten, anderen ein Kompliment machen oder ihnen auch mal die Meinung sagen, kurz: Informationen jeglicher Art austauschen.

Doch die Sprache hat noch eine weitere Funktion, wie Oliver Sacks in seinem Buch „*Stumme Stimmen, Reise in die Welt der Gehörlosen*" sehr eindrucksvoll beschreibt: „*Wir sprechen nicht nur, um anderen, sondern auch um uns selbst zu sagen, was wir denken. Sprache ist ein Teil des Denkens.*" (S. 42) Mit der Sprache haben wir also auch ein Werkzeug, um unseren Gedanken Ausdruck zu verleihen. Sprache und Denken hängen eng zusammen.

Mit dem Wort „linguistisch" wird aufgezeigt, daß unsere Gedanken durch Sprache dargestellt und geordnet werden.

„Programmieren" ist ein Begriff aus der Computer-Sprache und bedeutet, daß man für einen Computer ein Programm aufstellt, damit er mit klaren Instruktionen versorgt ist. Nun ist der Mensch kein Computer, aber es gab eine Zeit, in der genau dieser

Vergleich in der Forschung in Mode war und einige Anregungen und gedankliche Modelle lieferte, wie z.B. in der Medizin, der Psychologie, der Biologie, der Hirnforschung u.a. Diese Modelle versuchen, bestimmte Sachverhalte meist vereinfacht darzustellen. Der Vergleich des menschlichen Gehirns mit der Funktionsweise eines Computer läßt einige interessante Ähnlichkeiten erkennen und kann uns den Vorgang der menschlichen Informationsverarbeitung etwas verständlicher machen. Sowohl der Computer als auch der Mensch nehmen Informationen aus der Umwelt auf, verarbeiten sie und geben sie anschließend wieder an die Umwelt zurück. Beide benötigen eine sogenannte „Hardware". Bei dem Computer sind es die Mikroprozessoren, die Schaltkreise, die Steckverbindungen, die Schrauben u.a. Beim Menschen sind es die Nervensysteme, das Kreislaufsystem, die Knochen und die Muskeln u.a. Hinzu kommt noch die „Software". Das sind die Programme, die bestimmen, wie die Informationen verarbeitet und verwendet werden. Auch der Mensch handelt nach bestimmten internen „Programmen". Es gibt „Programme", die Dich befähigen, z.B. mit anderen zusammen zu sein und Dich auszutauschen, Dir Wissen anzueignen, zu lernen, zu lachen, zu tanzen, zu lesen usw.

„Programmieren" steht in diesem Zusammenhang für die verschiedenen inneren Prozesse, die es uns ermöglichen, unsere Gedanken, unser Verhalten und unsere Wahrnehmung zu organisieren. Diese inneren Programme sind erlernt, geübt und können auch verändert werden.

Das Neuro-Linguistische Programmieren (NLP) ist ein Modell, das es ermöglicht, Strukturen subjektiver Erfahrung zu veranschaulichen und das Werkzeuge in die Hand gibt, die eigenen Fähigkeiten weiterzuentwickeln. Den Rahmen dafür bieten:

Die Grundannahmen des NLP

Grundannahmen sind Überzeugungen über die Natur des Menschen. Sie beschreiben also nicht die „Wahrheit", sondern haben den Anspruch „nützlich" zu sein und uns beim Erreichen unserer Ziele zu unterstützen. Es ist für das Verständnis von NLP sinnvoll, diese Grundannahmen zu kennen, und natürlich ist es für die Arbeit mit NLP sehr vorteilhaft, sie in sein Leben zu integrieren.

Die folgenden Grundannahmen des NLP stellen nach meinem Verständnis eine innere Haltung sich selbst und anderen gegenüber dar und können als der „Geist des NLP" bezeichnet werden.

→ Die Ressourcen liegen in jedem Menschen – jeder hat bereits alles, was er braucht, in sich

Mit Ressourcen sind hier nicht die Erdölvorkommen der Erde gemeint, sondern all die Fertigkeiten, Stärken und Talente, die wir in uns tragen. Wir haben alle notwendigen Fähigkeiten, um gewünschte Ziele zu erreichen und persönliche Veränderungen zu bewirken. Deine persönliche Biographie ist auch ein großes Potential an Ressourcen. Du hast bereits viele ressourcevolle innere Zustände in Deinem Leben kennengelernt und in Dir hergestellt. Mit NLP kannst Du den Zugang zu diesen Ressourcen herstellen, um sie dann zum richtigen Zeitpunkt und am richtigen Ort zur Verfügung zu haben.

→ Die Landkarte ist nicht das Gebiet

Es gibt einen Unterschied zwischen der physikalischen Welt und unserem inneren Modell davon. Die physikalische Welt und unsere subjektive Erfahrung von ihr sind nicht identisch. Wir konstruieren gemäß unserer individuellen, sozialen und körperlichen Möglichkeiten der Wahrnehmung ein Modell der Welt. Unser Modell der Welt bestimmt u.a. auch, wie wir die „objektive" Welt wahrnehmen. Wenn wir die „Außenwelt" wahrnehmen, nehmen wir nur einen Teil dessen wahr, was in Wirklichkeit da ist. Unsere Wahrnehmungsfilter schützen uns vor einer Informationsflut, lassen jedoch dadurch auch nur einen Teil der „Außenwelt" zu uns durchdringen. Mit den Informationen, die wir über unsere 5 Sinne wahrnehmen, bilden wir uns unsere inneren Landkarten (Erfahrungen, Meinungen, Glaubenssätze, usw.), die manchmal für unser Leben unterstützend, machmal jedoch auch ungenau und hinderlich sein können. Menschen verfügen niemals über völlig identische Erfahrungen; jeder konstruiert sich seine inneren Landkarten. NLP zeigt Wege auf, wie Du Deine eigenen inneren Landkarten kennenlernen, verfeinern und gegebenenfalls verändern kannst.

Wenn Du anderen Menschen etwas erzählst, sprichst Du von Deiner Landkarte der Welt. Wenn andere Dir etwas erzählen, sprechen sie von ihrer Landkarte der Welt. Wir unterhalten uns also nicht über die „objektive Realität" oder sogar die Wahrheit, sondern „nur" über Landkarten.

„Wenn Du anderen Menschen etwas erzählst, sprichst Du von Deiner Landkarte der Welt."

→ Der Mensch macht in jeder Situation das, was er am besten kann

Jeder Mensch wählt immer die beste Möglichkeit aus, die ihm in seinem Modell zur Verfügung steht. Die beste Möglichkeit kann manchmal dazu führen, daß man mit bestimmten Situationen leicht zurecht kommt und sie meistert, manchmal jedoch auch dazu, daß Situationen als negativ empfunden und eher unelegant gelöst werden. So oder so tun wir in jeder Situation das beste, was wir können. Manchmal jedoch reicht diese beste Möglichkeit nicht aus, um die gewünschten Ergebnisse zu erzielen. Was dann?

„Tu das, was Du immer getan hast und Du wirst das bekommen, was Du immer bekommen hast." Du wirst ein negatives Verhalten erst aufgeben, wenn Du eine bessere Alternative zur Verfügung hast. Probiere etwas Neues aus, wenn das, was Du gerade tust, nicht zu Deinem Ziel führt. Erweitere Dein Potential und erschaffe Dir Wahlmöglichkeiten!!! Menschen, die flexibel reagieren, haben die größte Möglichkeit, die Ergebnisse zu erzielen, die sie erwarten.

Eine gute Unterstützung ist, sich bewußt zu machen, daß es in jeder Situation mindestens drei Möglichkeiten gibt zu handeln und Zugang zu Deinen Ressourcen zu bekommen. In problematischen Situationen sind uns häufig maximal zwei Handlungsalternativen bewußt. NLP unterstützt uns darin, neue und bessere Möglichkeiten zu entdecken und zu entwickeln.

→ Jedes Verhalten hat eine positive Absicht

Alles, was geschieht, ist für irgendetwas gut. Hinter jeder Verhaltensweise steckt eine positive Funktion für denjenigen, der es tut (leider nicht immer für denjenigen, der das Resultat zu spüren bekommt). Man kann es auch einen Vorteil oder einen Gewinn nennen. Der Vorteil eines Verhaltens ist für uns manchmal klar und manchmal weniger klar ersichtlich, aber es gibt ihn. Denn wir haben jede Verhaltensweise entwickelt, weil sie uns in der Vergangenheit von Nutzen war und uns einen Gewinn erbrachte. Wir halten die verschiedensten Verhaltensweisen aufrecht, weil sie für uns noch immer eine positive Funktion erfüllen (oder ehemals erfüllten). Auch als negativ empfundene Verhaltensweisen haben eine positive Absicht.

Hierzu einige Beispiele:

Verhalten	mögliche positive Absicht
„Selbstmitleid"	Aufmerksamkeit erreichen
„Alkohol trinken"	leichter Kontakt zu anderen finden
„Studium nicht beenden"	Sicherheit, Schutz

Wenn problematische Verhaltensweisen verändert werden sollen, gilt es, die positive Absicht herauszufinden, um mit ihr dann neue Wege zu verwirklichen. Das Problemverhalten ist nur eine Möglichkeit, die positive Absicht zu erfüllen. So gibt es sicher bessere Möglichkeiten, um die Aufmerksamkeit von anderen zu gewinnen, als in Selbstmitleid zu versinken. Wenn neue und bessere Möglichkeiten für die Verwirklichung der positiven Absicht zur Verfügung stehen, können wir auswählen. Das Problemverhalten ist dann eine Verhaltensmöglichkeit, die uns weiterhin zur Verfügung steht. Meist werden wir uns jedoch für die besseren Möglichkeiten entscheiden.

→ Es gibt zwei Ebenen der Kommunikation: bewußt und unbewußt

Wir verarbeiten mit unserem Gehirn Informationen sowohl auf analytische, rationale Weise, als auch auf intuitive oder unbewußte Weise. Wenn *Du* mit anderen kommunizierst, nimmst Du die Wörter und den Inhalt des Gesagten in der Regel bewußt wahr. Darüber hinaus bestimmen aber noch andere Faktoren unser Erleben in der Kommunikation. Unbewußt nimmst Du häufig z.B. die Körpersprache (Gestik, Mimik, Körperhaltung) und den Klang der Stimme wahr. Beides hat Auswirkungen auf die Art und Weise, wie Du Dich in der Kommunikation *fühlst* und damit auch auf Deine Beziehung zum anderen.

In vielen Fällen antwortet Dein Körper mit seiner Ausdruckssprache, bevor Du überhaupt den Mund zum Sprechen öffnen kannst. Dein Unbewußtes hat sich gemeldet.

In der Kommunikation mit anderen findet ein viel größerer Informationsaustausch statt, als wir uns jeweils bewußt machen. Die Art, wie Du **Dich** ausdrückst, wie Du etwas sagst und wie Dein Körper reagiert, wirkt in der Kommunikation auf der unbewußten Ebene. Der Körper hat eine eigene direkte Sprache. Der Körper lügt nicht.

Mit Hilfe von NLP kannst Du Deine Wahrnehmung schärfen, um auch unbewußte Signale bei Dir selbst und anderen kennenzulernen und mit diesen dann neue Möglichkeiten in der Kommunikation zu entwickeln.

Es besteht auch die Möglichkeit, mit Trancen und Phantasiereisen zu arbeiten, um persönliche Ressourcen *gut* nutzbar zu machen. Zahlreiche Elemente sind aus der Hypnotherapie übernommen und weiterentwickelt worden. Das NLP bietet für den Kontakt und die Arbeit mit dem Unbewußten verschiedene wirkungsvolle „Instrumente" an. Das Verständnis von bewußten und unbewußten Kommunikationsprozessen unterstützt eine erfolgreiche Anwendung dieser „Instrumente".

Hast Du ein weiteres Beispiel für unbewußte Kommunikation erkannt? Vielleicht sind Dir im vorigen Abschnitt die kursiv geschriebenen Wörter aufgefallen, vielleicht aber bist Du beim Lesen des Textes mit Deiner bewußten Aufmerksamkeit im Inhalt geblieben und hast deshalb nicht besonders auf die Form geachtet. Deshalb der Hinweis für Dein Unbewußtes nochmal auf bewußter Ebene: *„Du fühlst Dich gut."*

→ Die Verantwortung für Kommunikation liegt bei jedem selbst

Kommunikation ist immer damit verbunden, Reaktionen bei anderen hervorzurufen. Sind die Reaktionen so, wie man es sich vorgestellt hat, fällt es leicht, die Verantwortung zu übernehmen. Beispiel:

>*Kommunikationssituation:*   *Einen Witz erzählen*
>*Reaktion:*   *Zuhörer lachen*
>*Eigene Einschätzung:*   *„Den habe ich gut erzählt"*

Fängt Dein Gegenüber jedoch an, Reaktionen zu entwickeln, die Du Dir nicht gewünscht hast, so ist es häufig „die Schuld des anderen". Beispiel:

>*Kommunikationssituation:*   *Witz erzählen*
>*Reaktion:*   *Zuhörer lachen nicht*
>*Eigene Einschätzung:*   *„Die verstehen den Witz nicht"*

Diese „Schuldzuweisungen" sind jedoch für funktionierende Kommunikation nutzlos.

Wenn wir davon ausgehen, daß jede Reaktion des Gesprächspartners als Rückmeldung (Feedback) genutzt werden kann, haben wir wesentlich mehr davon. Dann können wir etwas Neues ausprobieren und haben die Chance, zu lernen. Dann gibt es keine Mißerfolge in der Kommunikation, sondern nur noch Erfahrungen. Kommunikation wird zu einer Herausforderung, bei der man kreativ und flexibel neue Möglichkeiten in sich entwickelt.

Diese Grundannahmen stellen nur eine kleine Auswahl dar. Sie ziehen sich wie ein roter Faden durch das ganze Buch und bilden den Rahmen, in dem NLP angewendet werden kann. Liebe und Respekt sind zwei der wesentlichen Inhalte des NLP; sie sind Voraussetzung und Ziel zugleich. Wenn Du Dich selbst und andere respektieren und lieben kannst, hast Du sehr gute Voraussetzungen für eine funktionierende Kommunikation und eine lebendige Beziehung zu anderen Menschen. Werte wie Liebe und Respekt sind das Fundament, auf dem das „NLP-Haus" steht. Sie sind die Grundlage für die Arbeit mit den verschiedenen NLP-Techniken.

Liebe und Respekt für Dich selbst und die anderen sind eine innere Einstellung, die Du mehr und mehr in all Deinen Lebensbereichen zur Entfaltung bringen kannst. Die Übungen und Möglichkeiten des NLP können Dich darin unterstützen.

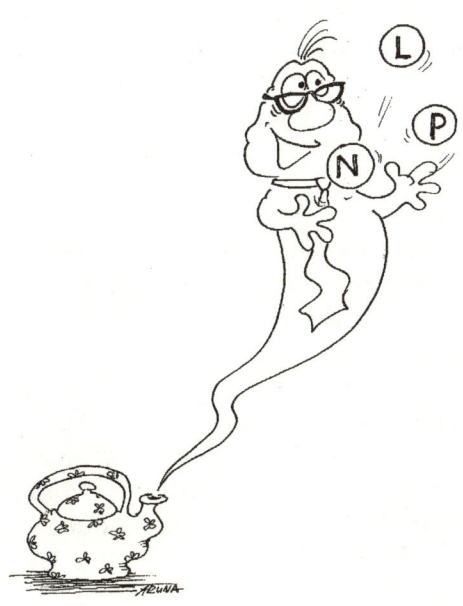

„Der Geist des NLP"

NLP ist ein offenes System

Alles was funktioniert, kann in dieses System mit hineingenommen werden. Nicht nur ganz spezielle Übungen und Techniken machen NLP aus, sondern alles, was zum Ziel und Erfolg führt, ökologisch sinnvoll und praktisch umsetzbar ist. Dazu gehören alle Ideen und Verhaltensweisen, die uns ein Stück näher zu dem bringen, was wir leben möchten; entsprechend den persönlichen Zielen und Werten und dem eigenen ethischen Rahmen.

Der „Geist des NLP" ist eine Lebenseinstellung, um Lösungen zu finden und immer neue kreative Möglichkeiten zu entdecken, um das zu erreichen, was wir wirklich haben wollen.

Wie geht NLP dabei vor?

NLP unterstützt mit Übungen, Interventionen und Fragen, die persönliche Landkarte kennenzulernen und zu verändern. Es ist ein Modell für persönliche Lern-Prozesse. Dabei bietet NLP eine Reihe von Vorgehensweisen an, die dem Anwender persönliches Wachstum ermöglichen. Es werden keine fertigen Antworten geliefert, sondern ein Rahmen zur Verfügung gestellt, um eigene Antworten zu entdecken, neue Erfahrungen zu machen, Blockaden aufzulösen, Ziele zu formulieren und energievolle Zustände zu erschaffen.

Dabei geht NLP folgendermaßen vor: Vereinfacht dargestellt würdigt NLP zuerst das Vorhandene oder den Jetzt-Zustand. Auch eine als Problem empfundene Situation sollte zuerst wahrgenommen, erkannt und akzeptiert werden. Fragen hierzu können sein: „Wie ist die Situation jetzt aktuell?" „Wo stehe ich gerade?" „Was ist daran hinderlich und was nützlich?"

Aus den Informationen der aktuellen Situation wird ein Ziel formuliert. NLP stellt dabei ganz konkrete Schritte zur Verfügung, um den Wunsch-Zustand klar zu benennen und im Vorfeld bereits eventuelle „Stolpersteine" ausfindig zu machen (mehr dazu erwartet Dich im Kapitel 2). Der Ziel-Findungs-Prozeß gibt das persönliche Reise-Ziel an. Bei einer Taxi-Fahrt ist es ja auch nützlich, zu Beginn klar anzugeben, wohin es gehen soll, damit der optimale Weg gewählt werden kann (und vorher ist es wichtig zu wissen, wo man steht, um zu entscheiden, ob das Taxi in der Situation überhaupt das geeignete Fortbewegungsmittel ist).

Nachdem das Ziel formuliert ist, werden Schritte und Wege entwickelt und gefunden, um das Ziel auch zu erreichen. Dabei werden entweder Strategien genutzt, die andere Menschen bereits erfolgreich zu diesem Ziel geführt haben oder aber neue Vorgehensweisen entworfen. Damit ein Ziel auch umgesetzt und erlebt werden kann, gilt es zu handeln, wenn man es nicht dem Zufall überlassen möchte.

Wäre es nicht schön, wenn Du alle Deine Ziele mit einem geplanten Vorgehen erreichen könntest? Leider ist es nicht immer so leicht. Jeder hat wahrscheinlich schon die Erfahrung gemacht, daß man auf dem Weg zum Ziel stehenbleibt, stockt oder auf einmal nicht mehr weiß, wie es weitergehen soll.

Entweder fehlen in dieser Situation Ressourcen, die wiederentdeckt und erinnert werden wollen oder aber es gibt eine innere Blockade, ein negatives Gefühl oder eine hinderliche Überzeugung, die verhindern, daß man sein Ziel lebt.

In beiden Fällen regt NLP mit Übungsschritten dazu an, wieder einen Zugang zu den eigenen Kräften und Ressourcen herzustellen. Manchmal geht es darum, bestimmte Qualitäten wie z.B. Vertrauen, Mut oder Klarheit zu stärken, in anderen Fällen ist eine innere Blockade aus der eigenen Vergangenheit zu heilen oder sind Teile der eigenen Biographie mit Ressourcen nachträglich neu zu bewerten. Dabei legt NLP keinen Schwerpunkt auf die tiefe Analyse der vergangenen Situationen, sondern schafft innere Räume, in denen man sich selbst Ressourcen geben kann. Das Arbeiten mit Zielen und Ressourcen steht im Mittelpunkt. Deshalb wird NLP oft als ziel- und ressourceorientierte Methode charakterisiert.

Bei aller Begeisterung wollen wir jedoch im Auge behalten, daß es nicht die Methode ist, sondern die Menschen sind, die die Veränderung durchführen. Insofern ist NLP ein nützlicher Werkzeugkoffer mit vielfältigen Möglichkeiten, um zu formen, zu gestalten und kreativ zu sein. NLP will ausprobiert und umgesetzt werden. Eine Methode lebt von den Menschen, die sie anwenden.

Was kann dieses Buch Dir bieten und wie ist es aufgebaut?

Dieses Buch gibt Dir einen kurzen Einblick in das NLP. Es informiert Dich über einige Grundlagen und macht Dich hoffentlich neugierig auf mehr. Ich werde Dich an einigen Stellen einladen, NLP gleich auszuprobieren, damit Du Dich von gedanklichen Vorstellungen und Vermutungen lösen und auf gemachte Erfahrungen beziehen kannst.

Im ersten Kapitel habe ich Dir den „Geist des NLP" vorgestellt und Dich mit den wesentlichen Grundannahmen und der Beschreibung, was NLP eigentlich ist, vertraut gemacht. Bei den folgenden Kapiteln habe ich mich von vier Fragen leiten lassen, die meiner Meinung nach die Grundlagen für erfolgreiches Handeln bilden:

→ Was möchtest Du erreichen?
→ Wie nimmst Du wahr, was Du schon erreicht hast?
→ Wie kannst Du Beziehungen zu anderen als Ressourcen nutzen?
→ Wie kannst Du in Dir die inneren Zustände herstellen, die Dich darin unterstützen, Dein Ziel zu erreichen?

Im 2. Kapitel erfährst Du, wie Du Ziele formulieren kannst. Erst wenn Du weißt, was Du in Deinem Leben erreichen möchtest, kannst Du Dir aussuchen, welche Fähigkeiten Du entwickeln willst und welche „NLP-Werkzeuge" Dich bei der Erreichung Deiner Ziele unterstützen. Die „NLP-Werkzeuge" an sich sind wertlos, wenn Du sie nicht für Deine Ziele einsetzt.

Im 3. Kapitel erfährst Du etwas über Wahrnehmung. Die genaue Wahrnehmung unterstützt Dich darin, zu erkennen, wann Du Dein Ziel erreicht hast oder was Du eventuell noch benötigst. Nur wenn Du die Ergebnisse Deines Handelns erkennst, kannst Du zielgerichtet Einfluß darauf nehmen. Andere Menschen geben Dir ununterbrochen Rückmeldungen darüber, wie sie Dich erleben. Sie tun es, indem sie es Dir bewußt sagen oder indem sie es Dir durch unbewußte Reaktionen mitteilen (z.B. Körpersprache, Unterton in der Stimme, ...). Um diese Rückmeldungen für Dich nutzen zu können, mußt Du sie zuerst wahrnehmen.

Die genaue Wahrnehmung in der Kommunikation ist die Basis dafür, zu anderen einen guten Kontakt herzustellen und Beziehung zu kreieren.

In Kapitel 4 wirst Du erfahren, wie Du eine gute Beziehung zu anderen aufbauen kannst. Gute Beziehungen sind eine Ressource. Aus guten Beziehungen gewinnst Du Unterstützung, Freude, Vertrauen, Spaß, Respekt, Ideen, Anregungen, Austausch, Liebe, usw. In Deinen Beziehungen wirst Du unterstützt und darfst andere unterstützen und mit ihnen lernen. Die Basis für die Gestaltung guter Beziehungen und guter Kommunikation ist „Rapport". „Rapport" beschreibt den unmittelbaren Kontakt, die vertrauensvolle Beziehung zu einer anderen Person, das respektvolle Miteinander. Wenn Du weißt, wie Du Rapport zu anderen herstellen kannst, hast Du gute Möglichkeiten, positive Beziehungen zu kreieren. Mehr darüber erfährst Du im 4. Kapitel.

Anschließend geht es um innere Zustände. Es gibt innere Zustände, die Dich blockieren können und es gibt solche, die Dich darin unterstützen können, Dein Ziel zu erreichen. Oft sind ressourcevolle innere Zustände, wie Sicherheit, Vertrauen, innere

Kraft, Zuversicht usw. selbst Ziele, die man gerne öfter und intensiver erleben möchte. Du wirst kennenlernen, wie diese Zustände entstehen und was Du konkret dazu beitragen kannst.

Zum Abschluß erhältst Du ein paar heiße Tips, wie Du weitermachen kannst. Du kannst Dich hier über verschiedene Anwendungsbereiche des NLP informieren. Auch Kritisches, Praktisches und Visionäres ist in diesem Kapitel dabei. Nützliche Hinweise zu den NLP-Ausbildungen und zur Literatur runden das „NLP-Buch für Einsteiger" dann ab.

Jetzt weißt Du, was Dich erwartet.

Gewinnen fängt an mit: Beginnen!

2. Ziele oder „Wie Du mit Spaß und Freude Deine Zukunft gestalten kannst"

Möchtest Du in Deinem Leben die vergangene Woche oder lieber die zukünftige Woche ändern können?

Eine sehr gute Voraussetzung für die Veränderung zukünftiger Situationen sind Ziele. Nur wenn Du weißt, wohin Du in Deinem Leben möchtest und dies auch klar benennen kannst, bist Du in der Lage, all Deine Kraft Deinen Zielen zu widmen und auch zu überprüfen, wann Du diese erreicht hast. Und es macht viel Spaß, festzustellen, daß man dabei erfolgreich war.

Hier lade ich Dich ein, ein persönliches Ziel zu formulieren. Du lernst so die Art und Weise kennen, wie im NLP mit Zielen gearbeitet wird, und Du hast gleichzeitig die Möglichkeit, einen Schritt zu Deinem persönlichen Erfolg zu tun. Wenn Du Lust hast, dann mach einfach mit:

Nimm Dir jetzt 20 Minuten Zeit für Dich, mache es Dir ganz bequem und lasse dann Antworten zu folgenden Fragen kommen:
- a) → Was möchtest Du in Deinem Leben erreichen?
- b) → Was ist Dein nächstes Ziel in Deinem Leben?
- c) → Was würdest Du in Deinem Leben tun, wenn Du wüßtest, daß Du es ganz sicher schaffst?

Wenn Du schon eine Idee hast, wie Dein Ziel heißt, dann schreibe es kurz in einem Satz auf:

a) Ich bin jeden Moment meines Lebens glücklich und zufrieden und ich bin ___ mir dessen bewusst sein.

b) Kinder (bleib unterwegs 24.4.2010)

c) Hotel-Restaurant betreiben
oder Bar, selbstständig machen (3.1.2009)
Buch schreiben und veröffentlichen (24.9.2010)
Internet Handel

Bitte lies erst weiter, wenn Du Deinen Zielsatz aufgeschrieben hast!

Damit hast Du den ersten Schritt bereits getan!

Nun gibt es im NLP einige Zielsatz-Kriterien, die recht nützlich sind und Dich dabei unterstützen, Dein Ziel möglichst genau zu formulieren. Und es lohnt sich, Ziele so genau wie möglich zu formulieren. Denn wenn Du davon ausgehst, daß Du sie auch erreichst, dann solltest Du darauf achten, was Du so formulierst.

Inge, eine Freundin von mir, hatte nach ihrem Studium den Wunsch, im Wirtschaftsbereich etwas „Kreatives" zu tun. Deshalb formulierte sie für sich: „Ich möchte irgendeinen Job in der Werbung haben." Die Zeit verging und irgendwann arbeitete sie als „Mädchen für alles" in einem Unternehmen, das sich mit Werbung beschäftigte. Sie bekam eben „irgendeinen" Job in der Werbung. Erst als sie detaillierter beschrieb, wie sie eigentlich arbeiten wollte, veränderte sich auch ihre Situation.

Deshalb formuliere Deine Ziele möglichst genau, auch um Deinem Gehirn präzise Informationen darüber zu geben, worauf in Zukunft besonders geachtet werden soll. Damit richtest Du Deine Wahrnehmung im Hinblick auf Deine Zielsetzung aus. Wenn Du ein klares Ziel vor Augen hast, kannst Du im Alltag auch all die Personen, Dinge und Sachverhalte wahrnehmen, die Dich beim Erreichen Deines Zieles unterstützen können.

Die nachfolgenden Ziel-Kriterien helfen Dir dabei, Dein Ziel klar und deutlich zu formulieren:

1. Kriterien für ein „wohlgeformtes" Ziel

a) Formuliere das Ziel **in Deiner eigenen Verantwortung**

Was Du ändern kannst, das bist Du, Dein Verhalten, und das sind Deine Vorstellungen von der Welt und Deine inneren Zustände. Und das ist sehr viel!!!

Und trotzdem wollen wir häufig auch die Vorstellungen von anderen, ihre inneren Zustände und ihr Verhalten verändern. Und das kann anstrengend sein, da wir es nicht direkt beeinflussen können. Zum Beispiel: „Meine Partnerin soll mich in Zukunft gefälligst mit mehr Respekt und Liebe behandeln." Dieses Ziel liegt jedoch in der Verantwortung der Partnerin und so kann es sein, daß man in diesem Fall lange wartet, bis die gewünschte Veränderung eintritt – manchmal ein Leben lang. Deshalb formuliere Deine Ziele eigenverantwortlich, d.h. formuliere sie so, daß Du auch das Erreichen des Zieles beeinflussen kannst. In unserem Beispiel bleibend: „Ich lade meine Partnerin ein, mit mir eine respektvolle und liebevolle Beziehung zu führen." Dies ist ein Ziel, bei dem Du selbst handeln und z.B. mit „Wie-Fragen" schon Wege dorthin finden kannst.

Solltest Du ein „man" in Deinem Zielsatz finden, sollte Dir das zu denken geben. Denn es ist recht schön zu wissen, daß „man" dieses Ziel erreichen möchte. Doch wer ist „man"? Es ist nicht nur schön zu wissen, daß Du es erreichen möchtest, sondern auch wesentlich präziser. Nimm deshalb in den Zielsatz eine „Ich"-Formulierung mit hinein; beginne den Satz mit „Ich ..."

b) Formuliere das Ziel in der Gegenwart

„Warum", so fragst Du vielleicht, „soll ich mein Ziel im Präsens formulieren, wenn ich es doch noch nicht erreicht habe?"

Das „Präsens" ist eine grammatikalische Zeitform, mit der ein Geschehen als gegenwärtig dargestellt wird. Wenn Du das Präsens für den Zielsatz nutzt, tust Du einfach so, als ob Du das Ziel bereits erreicht hast. Damit hat das Ziel bereits jetzt auf Dich eine andere Wirkung.

Du kannst dann auch überprüfen, ob das, was Du als Ziel formuliert hast, sich gut anfühlt und es wirklich das ist, was Du möchtest und was Dich anzieht.

Unserem Gehirn ist es egal, ob wir etwas bereits erreicht haben, oder ob wir nur „so tun, als ob". Die „Bahnen im Gehirn" sind gelegt; so oder so. Ein Unterschied besteht jedoch darin, daß Du im wirklichen Leben Erfahrungen machst, die nicht mit „so tun, als ob"-Erfahrungen vergleichbar sind. Du kennst es vielleicht aus Deinem Leben: Manchmal reicht es aus, sich vorzustellen, man sei gerade mit einer Person zusammen, die man sehr liebt. Man tut so, als ob die Person gerade anwesend wäre und ein angenehmes Gefühl begleitet diese Vorstellung. Wenn Du die Person dann wirklich siehst, hörst und spürst, machst Du eine reale Erfahrung. Diese Erfahrung hat natürlich eine andere Qualität. Aber immerhin ist es mit dem „so tun, als ob" möglich, viele Alternativen gedanklich auszuprobieren, Dein Gefühl dazu wahrzunehmen und überprüfen zu können.

Kinder spielen häufig unter dem Motto: „Wir tun so, als ob". Sie spielen dann Indianer oder Cowboys, Prinzen oder Prinzessinnen, Vater oder Mutter, Ritter oder Gefangener, Superman oder Turtle, Pferd oder Flugzeug, und sie machen dabei interessante Erfahrungen. Sie leben ihre „so tun, als ob"-Spiele und machen reale Erfahrungen. Viele dieser Spiele lassen sich jedoch nicht verwirklichen, weshalb wir sie nur gedanklich durchspielen.

Manche Leute, die ausschließlich „so tun, als ob", leben im Extremfall in einer Traumwelt und vermeiden dadurch den Kontakt zur Wirklichkeit. Wenn Leute jedoch überhaupt nicht „so tun, als ob", sind sie in der Regel wenig kreativ und entwickeln wenig Phantasie.

Für die Zielformulierung ist das „so tun, als ob" eine hervorragende Möglichkeit, um unser Ziel im Gedanken bereits genaustens durchzuspielen und in unserer Phantasie sichtbar, hörbar und spürbar zu machen.

Auch viele Affirmationskarten machen sich dieses Prinzip zunutze. Affirmationen sind positive Zustimmungen, die unser Gedankensystem beeinflussen können, indem wir sie uns wiederholen, Gedanken dazu kommen lassen und sie – bewußt und unbewußt – zu einem Teil von uns werden lassen. Auf Affirmationskarten steht dann z.B.: „Mit Liebe im Herzen begrüße ich den heutigen Tag", oder: „Ich bin der einzige, der mich glücklich machen kann", oder: „Ich bin verantwortlich für mein Leben."

Du kannst Deinen Zielsatz auch als Affirmation benutzen, indem Du Dich z.B. jeden Morgen nach dem Erwachen entspannst und innere Vorstellungen zu Deinem Zielsatz kommen läßt, den Du Dir immer wieder innerlich vorsprichst, bis er allmählich ein Teil von Dir geworden ist. Auch abends kannst Du Deinen Zielsatz innerlich wiederholen und dann mit den dazugehörigen inneren Bildern, Tönen und Gefühlen einschlafen. Mit dem intensiven Nachdenken über Dein Ziel veränderst Du bereits Deine Gedankenwelt und richtest sie auf Dein Ziel hin aus.

Der erste Schritt zur positiven Veränderung Deiner Wirklichkeit ist getan.

Gerade weil Affirmationen so wirkungsvoll sind, ist es vorteilhaft, darauf zu achten, welche Anweisungen Du Deinem Gehirn gibst. Achte z.B. auf den Unterschied in Deinem Erleben, wenn Du Dir vornimmst: „Ich *möchte* selbstsicher sein", oder wenn Du Dir innerlich sagst: „Ich *bin* selbstsicher."

Der erste Satz beschreibt das Ziel mit „Ich möchte", der zweite Satz beschreibt das Ziel mit „Ich bin". Der erste Satz benennt als Ziel „zu wollen" (was ich auch schon heute kann), während der andere „zu sein" als Ziel benennt. Du bemerkst, hier geht es um sprachliche Genauigkeiten. Das Ziel wird in der Regel sein, eine neue Qualität oder ein neues Verhalten zu haben. Deshalb formuliere Deinen Zielsatz in der Gegenwart, z.B.:
➜ „Ich habe ..."
➜ „Ich bin ..."

➜ „Ich spüre ..."
➜ „Ich verdiene ..."
➜ „Ich genieße ..." usw.

c) Formuliere das Ziel positiv

„Bitte denk jetzt nicht an die Farbe Blau!
An die Farbe Blau sollst Du bitte jetzt nicht denken!
Bitte keine Vorstellung von der Farbe Blau kommen lassen!"

Und, was hast Du während meiner Anweisungen gemacht? Vielleicht hast Du an die Farbe Blau gedacht, obwohl ich ja wollte, daß Du gerade nicht daran denkst. Dies ist ein grundlegender Prozeß, der im menschlichen Gehirn passiert: Du denkst zuerst an Blau, um zu verstehen, daß Du nicht an Blau denken solltest. Mit der Aufforderung „Denk nicht an Blau!" regt man das neurologische System der Sinneswahrnehmung an, es doch zu tun.

Vielleicht hast Du aber erst an Blau und dann an eine andere Farbe gedacht, wie z.B. Grün oder Rot. In diesem Fall hast Du es geschafft, an Grün zu denken, indem Du Dir zuerst Blau vorgestellt, dies dann negiert und dann an eine andere Farbe gedacht hast. Du hast praktisch die negative Formulierung dazu benutzt, eine positive Formulierung entstehen zu lassen.

Was heißt das nun konkret für Deine Zielformulierung? Für Deine Ziele solltest Du Nicht-Formulierungen vermeiden und statt dessen ganz deutlich sagen, was Du willst. Allerdings fällt es uns zunächst oft leichter, zu sagen, was wir nicht wollen. So sagen sich viele Leute z.B.:
➜ „Ich rauche nicht mehr."
➜ „Ich werde nicht rot."
➜ „Ich habe auf gar keinen Fall mehr mit meiner Partnerin Streit."
➜ „Ich habe keinen Streß auf der Arbeit."

In diesen Beispielen wird das Gehirn eventuell darauf programmiert, mehr zu rauchen, rot zu werden, Streit zu haben und Streß zu erleben. Dies heißt nicht zwangsläufig, das wir dies dann auch tun. Es gibt natürlich andere Teile des Gehirns und unserer Persönlichkeit, die dann unser Verhalten steuern und entscheiden, welche Handlung daraus resultiert. Jedoch sind mit diesen Anweisungen bereits bestimmte innere Bilder und Vorstellungen angeregt.

Glücklicherweise läßt sich jede Nicht-Formulierung in eine positive Formulierung verwandeln. So kannst Du Dich bei jeder Nicht-Formulierung fragen: „Was willst Du stattdessen?" Um in den Beispielen zu bleiben, könnten die Antworten nun lauten:
→ „Ich lebe gesund und kann frei durchatmen."
→ „Ich fühle mich sicher."
→ „Ich gehe mit meinem Partner liebevoll und respektvoll um."
→ „Ich fühle mich ruhig und gelassen am Arbeitsplatz."

Es macht großen Spaß, in der Alltagskommunikation darauf zu achten, wann welche Formulierungen benutzt werden, man kann sich selbst und gegenseitig korrigieren und mit den positiven und den negativen Formulierungen spielen.

Ich möchte nicht, daß Sie von mir denken ...

Du merkst vielleicht, daß es sich auch in Alltagsgesprächen lohnt, auf Formulierungen zu achten. Die Geschichte vom Wunschbaum verdeutlicht, daß auch gedankliche Formulierungen manchmal überprüfenswert sind:

Ein Wanderer machte Rast nach einem anstrengenden Tag. Er setzte sich unter einen Baum und ruhte die müden Füße aus. „Wie schön wäre jetzt ein kühler Trunk", dachte er. Da stand schon eine Karaffe vor ihm. Der Wanderer nahm einen tiefen Zug und dachte:

„Wie schön wäre ein Mahl dazu." Und so wünschte er sich noch einen bequemen Sessel, eine Festtafel, Musik und köstliche Speisen. Alle seine Wünsche wurden sofort erfüllt.

Als er sich erfrischt und gestärkt hatte, dachte er: „Wenn ich jetzt ein Bett hätte, wie schön wäre das", und schon lag er auf einem weichen Lager. Und kurz bevor er einschlief, dachte er noch: „Wenn jetzt der Tiger kommt." (aus: Schelp 1982)

Zurück zu Deinem Ziel: Formuliere in Deinem Zielsatz, was Du erreichen möchtest und nicht, was Du nicht erreichen möchtest! Ersetze gegebenenfalls eine Nicht-Formulierung durch eine Positiv-Formulierung!

d) Formuliere das Ziel realistisch

Das soll heißen, daß Dein Ziel in der Realität auch praktisch umsetzbar und mit anderen Wünschen vereinbar sein soll.

Ein guter Freund von mir sehnt sich seit Jahren nach einer festen Beziehung. Er ist ein intelligenter und attraktiver junger Mann, der mit seinem Witz und Charme viele Frauen kennenlernt. Eines Abends redeten wir über diese frustrierende Situation und ich fragte ihn, wie seine zukünftige Partnerin denn sein sollte. „Na, hübsch, attraktiv und witzig." Dies schien mir angemessen und verständlich, und doch blieb mir sein Problem unklar. Erst als ich weiterfragte, was er sich denn noch wünsche, antwortete er: „Sie soll nur für mich da sein – von keinem anderen Mann angeschaut werden. Ich bin rasend eifersüchtig." Eine attraktive Frau, die von keinem anderen Mann angeschaut wird? – Das Dilemma war nun offensichtlich. Mit solchen Vorgaben wird es natürlich schwierig, eine Partnerin zu finden.

Auch Zielsätze wie: „Morgen bin ich Millionär", oder: „Am Ende des Jahres bin ich Bundeskanzler" sind auf ihre praktische Umsetzbarkeit hin zu überprüfen und erweisen sich in den meisten Fällen als unrealistisch. Achte also bei der Formulierung Deiner Ziele darauf, daß Du sie auch erreichen kannst.

Zusammenfassung der wichtigsten Zielsatz-Kriterien:

Schau Dir nochmal Deinen Zielsatz von Seite 25 an und überprüfe ihn nach diesen Kriterien:
➔ Ist das Ziel eigenverantwortlich?
➔ Ist das Ziel in der Gegenwart formuliert?
➔ Ist das Ziel positiv formuliert?
➔ Ist das Ziel realistisch formuliert?

Wenn Du alle Fragen bejahen kannst – gut. Ansonsten hast Du hier Platz, Deinen Zielsatz in der neuen, besseren Fassung aufzuschreiben:

_____

_____

_____

Dein Zielsatz steht nun in einer sinnvollen Form da. Das ist jedoch noch nicht alles. Nun folgen noch einige wichtige Fragen, die Dich darin unterstützen wollen, Dein Ziel präzise zu beschreiben und mehr Klarheit darüber zu gewinnen, wie es ist, wenn Du Dein Ziel erreicht hast. Es ist vorteilhaft, diese Fragen vor dem Erreichen des Zieles zu überprüfen, sonst kann es zu einigen bereits vorprogrammierten Überraschungen kommen. Nutze diese Fragen also, um für Dich noch deutlicher zu bestimmen, was Du wirklich möchtest. Du kannst die einzelnen Fragen gedanklich durchspielen oder aber auch Notizen machen. Es kann sein, daß diese Fragen Dich auch anregen, Dein Ziel zu präzisieren oder zu ändern.

2. Wann, wo und mit wem möchtest Du Dein Ziel erreichen?

Überlege kurz, in welchem geeigneten Kontext Du Dein neues Verhalten oder die neue Qualität erleben möchtest. Denn nicht jedes Verhalten ist immer in jeder Situation notwendig, wichtig oder geeignet. So ist es z.B. vorteilhaft, das Ziel: „Ich bin immer besonders selbstbewußt" genauer zu spezifizieren. Wann, wo und mit wem möchtest Du besonders selbstbewußt sein? Ist es sinnvoll, bei der Morgentoilette besonders selbstbewußt zu sein? Oder beim Anziehen der Kleidung? Oder aber kurz vor dem Einschlafen? Oder bezieht sich das „besonders selbstbewußt sein" z.B. auf die einmal im Jahr stattfindenden Gespräche mit dem Chef, in denen es um eine Gehaltserhöhung geht?

Je genauer Du innerlich beschreibst, wann, wo und mit wem Du Dein Ziel erreichen möchtest, um so präziser paßt Du Dein Zielverhalten Deiner Situation an.

3. Welche Konsequenzen hat das Erreichen Deines Zieles für Dich, für andere und für die Umwelt? (Ökologie-Check)

Die Ökologie beschreibt die Wechselbeziehung zwischen den Lebewesen und ihrer Umwelt. Für den Zielsatz nutzen wir den Ökologie-Gedanken, um zu überprüfen, wie sich das Erreichen Deines Zieles auf Deine Umwelt, Deine Beziehungen und auf Dich selbst auswirkt. Wie reagiert Deine Umwelt auf das Erreichen Deines Zieles? Welche Konsequenzen hat es z.B. für Deine Familie, wenn Du Dich selbständig machen möchtest? Was bedeutet z.B. ein Kind für die berufliche Karriere? Was bedeutet die berufliche Karriere für die eigenen Kinder und die Ehe/Partnerschaft? Was hat es z.B. für Auswirkungen, wenn Du klarer und selbstbewußter in Deiner Partnerschaft bist? Wie reagieren Deine Freunde, wenn Du erfolgreich bist?

Indem Du Dir über die Ökologie Deines Zieles Gedanken machst, stellst Du sicher, daß Du Dir über die Folgen im klaren bist und Du nur das erhältst, was Du wirklich willst.

Wenn Du all die positiven und negativen Konsequenzen Deines Zieles benannt hast, ist es von Vorteil, Dich zu fragen, ob Du diese Konsequenzen tragen kannst und willst. Falls Du dazu nicht bereit bist, ist das Ziel solange zu verändern, bis es in Deinen Ökologie-Rahmen paßt.

4. Nimm die „positive Absicht" des alten Verhaltens mit in Dein Ziel

Jedes Problemverhalten erfüllt eine positive Funktion. Oder anders ausgedrückt: Jedes auf den ersten Blick noch so problematische Verhalten hat eine positive Absicht: „Was kann die positive Absicht davon sein, wenn ich z.B. mit einer Erkältung krank im Bett liege und mich kein bißchen bewegen kann?" In so einem Fall könnte die positive Absicht sein, sich auch mal von anderen versorgen zu lassen, zur Ruhe zu kommen oder aber die Aufmerksamkeit auf sich zu lenken, im Mittelpunkt zu stehen. Wenn diese positive Absicht auf eine andere, bessere Art und Weise verwirklicht werden könnte, wäre das Problemverhalten nicht mehr notwendig.

Wie war Dein altes Verhalten, Dein bisheriger innerer Zustand oder Deine bisherige Lebenslage? Verdeutliche Dir, welche Vorteile diese Situation für Dich hatte. Du nutzt das bisherige Verhalten als „Schatztruhe", um herauszufinden, welche positive Absicht es für Dich erfüllen wollte. Diesen gefundenen Schatz kannst Du in Dein Ziel mit hineinnehmen und damit bereichern.

Finde heraus, was an Deiner gegenwärtigen Situation die positive Absicht sein könnte. Welche guten Gründe für Dein „problematisches" Verhalten gab es? Welche positive Absicht steckte in Deinem alten Verhalten?

Schreib es für Dich hier auf:

_____

_____

_____

Wenn Du nun diese positiven Absichten in Dein Ziel integrierst, brauchst Du Dein Problemverhalten nicht mehr. Du schaffst Dir ja mit Deinem Ziel bessere Verhaltensalternativen.

5. Woran merkst Du, daß Du Dein Ziel erreicht hast? (Evidenz)

Mach Dir zum Abschluß einen inneren „Spielfilm" davon, wie es aussieht, wenn Du Dein Ziel erreicht hast. Schau Dir Deine Körperhaltung und Deinen Gesichtsausdruck an. Nimm den Klang Deiner Stimme wahr, höre, was Du Dir innerlich sagst. Lausche den Tönen und Geräuschen, die noch dazugehören. Welches Gefühl nimmst Du wahr, wenn Du Dir vorstellst, daß Du Dein Ziel erreicht hast? Spüre, wie es sich in Deinem Körper anfühlt, wo es anfängt und weitergeht. Und vielleicht ist auch ein ganz spezieller Geruch und Geschmack vorhanden, wenn Dein Ziel in Erfüllung gegangen ist.

Und dann laß einen vollständigen inneren Tonfilm entstehen, mit all den Farben und Formen, mit den Tönen und Geräuschen, den Gefühlen, dem Geruch und dem Geschmack:
➜ Fühlst Du Dich von diesem Tonfilm stark angezogen?
➜ Kannst Du Dir innerlich sagen: „Das will ich"?
➜ Lohnt es sich, für dieses Ziel etwas zu tun?

Wenn Du eine dieser Fragen mit „Nein" beantwortest, solltest Du Dein Ziel nochmal überdenken und so verändern, daß Du ein deutliches „Ja" zu allen Fragen sagen kannst.

Nachdem Du nun alle wichtigen Aspekte eines Zieles gedanklich durchgespielt und beachtet hast, hast Du im folgenden Platz, Dein Ziel noch einmal vollständig aufzuschreiben:

_____

_____

_____

Du weißt nun, wohin Du willst. Nun heißt es auch loszugehen und zu handeln, denn „auch die längste Reise beginnt mit dem ersten Schritt".

Und nun „der heiße Tip": Ein Zielbuch!!!

In Dein Zielbuch kannst Du all die Sachen schreiben, die Du in Deinem Leben erreichen möchtest. Damit kannst Du Dich immer wieder an Deine Ziele erinnern. Und jetzt kommt das besonders Gute daran: Du kannst beobachten, was Du in Deinem Leben Schritt für Schritt erreicht hast und kannst Dich bewußt über das Erreichen von Zielen freuen, Dir innerlich auf die Schulter klopfen und Deinen Erfolg genießen.

Für welche Bereiche kannst Du Ziele machen?

Du kannst Ziele für alle Lebensbereiche formulieren.

Zum Berufsbereich gehört all das, was mit Deiner Arbeit (z.B. Studium, Karriere, berufliche Fortbildung, Kollegen, Gehalt, Arbeitsbereich usw.) zu tun hat.

In den Beziehungsbereich gehören Deine privaten Beziehungen: Partner/innen, Geschwister, Eltern, Freunde, Verwandte, Geliebte, Bekannte, Kinder, usw. Wenn Du Ziele im Beziehungsbereich machst, dann achte darauf, daß diese Ziele auch in Deiner Verantwortung liegen. Gerade im Beziehungsbereich werden oft Ziele formuliert, die der andere eigentlich erfüllen soll (z.B.: „Mein Freund redet mit mir offen über unsere

Beziehung."). Was also kannst Du selbst tun, um den anderen zu Deiner gewünschten Vorstellung vom Miteinander einzuladen? Du kannst andere nur einladen, mit Dir gerne zusammen zu sein. Du kannst Deine Einladung so attraktiv wie möglich für den anderen gestalten (z.B.: „Ich lade meine[n] Partner/in erfolgreich dazu ein, mit mir offen über unsere Beziehung zu reden."). Die Entscheidung, Einladungen anzunehmen oder abzulehnen, liegt dann bei jedem selbst.

Zum Ich-Bereich zählen Ziele, die sich auf die eigene Entwicklung beziehen, also auf das, was Du allein für Dich mehr erleben möchtest (z.B. Sport, Meditation, Sauna, Yoga, ...) und die Art und Weise, wie Du leben möchtest. In diesen Bereich gehört auch Deine spirituelle Entwicklung. Was möchtest Du von der Welt, von Dir und anderen glauben? Welche inneren Werte sind Dir besonders wichtig und willst Du weiterentwickeln? Was ist Deine Aufgabe auf dieser Welt? Welchen Sinn hast Du für Dich gefunden oder willst Du noch finden? Alles das, was zu unserem eigenen körperlichen oder geistigen Wohlempfinden beitragen kann, gehört in diesen Bereich.

Gibt es vielleicht noch andere Einteilungen, um Ziele zu sortieren und damit klarer einzuteilen?

Ja, Du kannst Ziele für alle möglichen Zeitphasen formulieren und sie z.B. in Form einer Tabelle aufzeichnen. So kannst Du z.B. zwischen kurzfristigen, mittelfristigen und langfristigen Zielen unterscheiden. Und Du kannst dabei bestimmen, was für Dich kurzfristig, mittelfristig und langfristig bedeutet.

Eine solche Tabelle kann Dir veranschaulichen, wie Du Deine kurzfristigen, mittelfristigen und langfristigen Ziele und die verschiedenen Lebensbereiche gewichtest. Es wäre recht günstig, wenn Du für alle Zeitphasen und Lebensbereiche Ziele formulierst, damit Du weißt, wohin Du zukünftig möchtest und was Du erreichen wirst.

Es steht Dir natürlich auch frei, jederzeit Deine Ziele zu ändern oder Dich auch mal ziellos durchs Leben treiben zu lassen: „Du bist der Gestalter Deines Lebens!" Was für eine Chance und was für ein kraftvoller und kreativer Gedanke!

3. Wahrnehmung oder „Wie Du mit allen Sinnen die Welt erleben kannst"

Ist Dir eine Veränderung an sich wichtig, oder ist es Dir wichtig, daß man sie auch bemerkt?

Wir nehmen die äußere Welt über unsere fünf Sinne wahr. Unsere Sinne sind die „Pforten der Wahrnehmung", die uns erst Erfahrungen ermöglichen. Du *siehst* Farben, Entfernungen, Bewegungen, Formen, usw. Du *hörst* Geräusche, Töne, Musik, Lachen, Sprachen. Du *spürst* z.B. Gefühle, Berührungen, Wärme – nimmst *Gerüche* wahr und *schmeckst* Unterschiede.

Du verarbeitest das Wahrgenommene dann auf unterschiedliche Weise und kannst diese Erfahrung später abrufen, indem Du Dich daran erinnerst. Jede Erinnerung wird durch unsere Sinne „repräsentiert". Die „Repräsentation" ist unsere individuelle Abbildung der Welt oder unsere „Landkarte". Wir verarbeiten, speichern und erinnern Informationen mit Hilfe unserer Sinnessysteme, im NLP auch „Repräsentationssysteme" genannt.

Während Du jetzt weiterliest, kannst Du Dir die Zeit nehmen, Dich an eine Situation zu erinnern, in der Du besonders erfolgreich warst.

Erinnere Dich jetzt an diese Situation!
Siehst Du Dich in der Situation? Siehst Du ein Bild oder einen Tonfilm?
Hörst Du Deine Stimme oder was Du Dir damals innerlich gesagt hast?
Spürst Du das Gefühl? Wie hat es sich damals angefühlt?
Kannst Du Dich an einen ganz bestimmten Geschmack oder Geruch erinnern?

Diese Fragen führen Dich durch alle „Repräsentationssysteme".

Die fünf Wahrnehmungskanäle und die entsprechenden Repräsentationssysteme:

Sehen	visuell
Hören	auditiv
Fühlen	kinästhetisch
Riechen	olfaktorisch
Schmecken	gustatorisch

Die Wahrnehmung hat für unser Erleben eine zentrale Bedeutung. Mit Hilfe der Wahrnehmung sind wir in der Lage, Informationen aufzunehmen und auf unsere Umwelt zu reagieren. Wir können unsere Wahrnehmung sowohl nach außen als auch nach innen richten.

Außen nehmen wir die Welt wahr, innen nehmen wir uns wahr, wenn wir z.B. in unseren Körper hineinspüren, wenn wir uns innerlich etwas sagen oder Bilder vor unserem inneren Auge entstehen lassen. Gerade wenn wir uns an Erfahrungen erinnern oder intensiv über etwas nachdenken, ist unsere Wahrnehmung nach innen gerichtet. Wir nutzen beide Formen der Wahrnehmung gleichzeitig, je nach Situation – manchmal jedoch die eine mehr als die andere. So ist z.B. beim Autofahren Deine Aufmerksamkeit eher nach außen gerichtet, während Du bei Entspannungsübungen Deine Aufmerksamkeit nach innen richtest.

In der Regel nutzen wir unsere Wahrnehmung wie selbstverständlich und gehen davon aus, daß andere die Welt so wahrnehmen wie wir. Stimmt das? Ist diese Annahme richtig?

Es gibt einen Unterschied zwischen der „wirklichen" Welt und unserer Erfahrung davon. Jeder konstruiert sich sein eigenes Modell von dieser Welt. Im NLP gibt es für den Unterschied zwischen der „wirklichen" Welt und der Abbildung, die wir von ihr machen, die sehr anschauliche Metapher

„Die Landkarte ist nicht das Gebiet."

So wie es Dir in einem Restaurant niemals einfallen würde, beim Lesen Deiner Lieblingsspeise in die Speisekarte zu beißen, so kannst Du davon ausgehen, daß Dein Modell der Wirklichkeit nicht identisch ist mit der „objektiven" Wirklichkeit.

Die Landkarte dient Dir als Orientierungshilfe, damit Du Dich in einem bestimmten Gebiet zurechtfindest. Die Brauchbarkeit einer Landkarte erweist sich daran, wie genau und speziell sie das gewünschte Gebiet nach den individuellen Bedürfnissen abbildet.

Wie bilden wir unsere Landkarten von der Welt? Unser Gehirn erhält ca. 600.000 Informationseinheiten pro Sekunde. Wenn wir alle Informationen bewußt wahrnehmen und verarbeiten müßten, wären wir vollkommen überlastet und würden vermutlich verrückt werden. Vor dieser Reizüberflutung schützen uns unsere Wahrnehmungsfilter, die uns nur einen Teil der Informationsmenge bewußt zugänglich machen. Letztendlich werden uns nur 7±2 Informationseinheiten pro Sekunde bewußt.

Was ist Dir in genau diesem Moment alles bewußt? Vielleicht ist Dir bewußt, daß Du das Buch in den Händen hältst, Du diese Buchstaben liest, Du spürst, wie Du sitzt oder liegst, Du die Geräusche um Dich herum wahrnimmst usw. Überprüfe selbst, wieviele Informationen Du Dir jetzt gleichzeitig bewußt machen kannst.

Welcher Art sind diese Filter? Wie funktionieren sie?

Es gibt drei Filter, die unsere Wahrnehmung einschränken und damit direkt an der Bildung unserer inneren Landkarten beteiligt sind. Diese Filter gleichen dem Blick durch ein Fernglas, das nur einen Ausschnitt aus dem Gesamtbild zeigt.

1. Der neurologische Filter

Dieser Filter beschreibt die Einschränkungen der Wahrnehmung durch die Beschaffenheit unserer Sinne. Wir können bestimmte physikalische Phänomene, die außerhalb des Leistungsspektrums unserer Sinne liegen, nicht wahrnehmen, obwohl sie zweifellos existieren. Dazu gehören z.B. Schallschwingungen unter 20 Hz und über 20.000 Hz.

Auch beim Sehen nehmen wir nur Wellen eines bestimmten Spektrums wahr. Wir verarbeiten nur Licht mit einer Wellenlänge von 380 – 680 Nanometer. Alles was darunter oder darüber liegt, wird von uns Menschen nicht wahrgenommen, weil unsere Sinne dazu nicht in der Lage sind. Wir nehmen – eingeschränkt durch die Beschaffenheit unserer Sinne – nur einen Ausschnitt aus der physikalisch vorhandenen Welt wahr.

2. Der soziale Filter

Wir leben als Menschen in einer bestimmten kulturellen Umgebung und in einem sozialen Verbund, in dem wir uns auf bestimmte Filter geeinigt haben. Sprache ist ein solcher Filter, da der Vorrat an Wörtern die Reichhaltigkeit der „Landkarte" bestimmt. So kennen z.B. die in der Arktis lebenden Ureinwohner mehr Begriffe für die verschiedenen Schneesorten als wir, da dem Schnee bei uns eine andere Bedeutung zukommt. Dafür haben wir in unserer Kultur wahrscheinlich mehr Begriffe für die unterschiedlichen Auto-Modelle.

Das Lernen einer Fremdsprache öffnet den sozialen Filter – es schafft eine Vielfalt an Begriffen und erweitert die eigene Wahrnehmung. Eine gemeinsame Landessprache bedeutet jedoch noch nicht, daß man sich auch versteht. Die Deutschen in Ost und

West haben durch ihre unterschiedliche gesellschaftliche Entwicklung auch eine unterschiedliche Sprache entwickelt, die sich erst allmählich wieder annähert.

Aber auch Berufs- oder Interessengruppen bilden ihre „eigene" Sprache, um differenziert und möglichst genau Sachverhalte zu beschreiben. Stell Dir kurz Fach-Gespräche unter Kollegen in folgenden Berufsgruppen vor: z.B. Software-Entwickler, Psychologen, Erzieher, Bankangestellte, Ärzte, Tischler usw. Jedes Gebiet bringt seine eigene „Arbeits-Sprache" mit, die uns innere Abbildungen ermöglichen und den Austausch mit anderen erleichtern.

3. Der individuelle Filter

Der dritte Wahrnehmungsfilter bezieht sich auf Deine persönlichen Erfahrungen und Deine Lebensgeschichte. Er prägt Dein individuelles „Modell der Welt". Auf Deinen Erfahrungen aufbauend entwickelst Du z.B. Interessen, Vorlieben, Abneigungen, Gewohnheiten, die Deine Handlungen beeinflussen. Dies wiederum ermöglicht Dir dann, neue Erfahrungen zu machen.

Niemand hat exakt die gleiche Lebensgeschichte wie ein anderer Mensch, deshalb gibt es auch niemals zwei „Modelle der Welt", die identisch sind. Jedes „Modell der Welt" ist einzigartig.

Der individuelle Filter ist gleichzeitig der, auf den Du den meisten Einfluß nehmen kannst. Du bestimmst Deine Einstellungen und Glaubenssätze, und die wirken sich unmittelbar auf Deine Wahrnehmung und Dein Erleben aus. Der individuelle Filter ist wie eine Brille, die man aufsetzt. Du kannst bestimmen, welche Brillen Du wann aufsetzt, um damit zu sehen. Schaust Du Dir z.B. die positiven oder eher die negativen Seiten im Leben an? Achtest Du mehr auf die Mängel in Deinem Leben oder freust Du Dich über das, was Du schon hast? Siehst Du bei anderen eher alle Unzulänglichkeiten oder achtest Du mehr auf die Fähigkeiten und Schönheiten der Personen?

„Man wird, wie man beurteilt wird." Ich habe einige Jahre mit sogenannten „lernbehinderten" Kindern gearbeitet. Am liebsten waren mir dabei meine Gespräche mit den Lehrern der Kinder. Häufig hat sich über die Jahre ein fester Glaubenssatz wie etwa „Thomas ist unruhig, lustlos und bringt schlechte Leistungen" etabliert. Der Lehrer sah natürlich auch jeden Tag weiter das unruhige, lustlose Verhalten des Jungen mit den schlechten Leistungen. Der Junge seinerseits fand die Schule und den Lehrer einfach „doof und langweilig" und verhielt sich dementsprechend.

„Du kannst bestimmen, welche Brillen Du wann aufsetzt, ...

... um damit zu sehen."

Nun gibt es in der Soziologie das „Andorra-Phänomen" (benannt nach dem gleichnamigen Schauspiel „Andorra" von Max Frisch), das die Auswirkungen von Vorurteilen beschreibt. Menschen passen sich danach den Vorurteilen anderer an: „Man wird, wie man beurteilt wird."

Um das „Andorra-Phänomen" zu nutzen, erzählte ich dem Lehrer voller Begeisterung über die positive Entwicklung des Jungen, obwohl sich noch gar nichts verändert hatte: „Er ist bemüht und sehr motiviert und macht positive Fortschritte." Dem Jungen erzählte ich, daß ich mit dem Lehrer über seine Fortschritte gesprochen hätte.

Das Ergebnis: Der Lehrer nahm mehr und mehr Fortschritte wahr und gab dem Jungen bessere Noten. Der Junge erhielt Lob und Anerkennung und die Schule war „im großen und ganzen o.k.".

Vor allem bei der Kommunikation mit anderen sind Filter von großer Bedeutung. Denn Du setzt nicht nur Dir selbst, sondern auch anderen während der Kommunikation bestimmte Filter auf. In vielen Gesprächen werden Meinungen und persönliche Erfahrungen ausgetauscht. Wenn Dir jemand seine Meinung über einen Kollegen anvertraut (z.B.: „Ist der aber faul"), dann kann er Dir damit bereits einen Wahrnehmungsfilter aufgesetzt haben. Wenn Du den Kollegen dann das nächste Mal siehst, wirst Du bewußt oder unbewußt das „faul sein" des Kollegen überprüfen und jede Verhaltensweise in diese Richtung interpretieren. Jede Äußerung über eine Person, die gerade nicht anwesend ist, ist dafür geeignet, den Wahrnehmungsfilter zu verändern und damit neue (nicht immer vorteilhaftere) Seiten einer Person wahrzunehmen.

Du erinnerst Dich vielleicht, wie ihr während der Schulzeit andere miteinander verkuppelt habt? Wir haben dem Jungen gesagt, daß sie ihn toll findet und dem Mädchen, daß er in sie verliebt, aber ein bißchen schüchtern ist. Als sie sich bei der nächsten Fete trafen, wurde es „Liebe auf den ersten Blick". Ein neuer Wahrnehmungsfilter „sitzt".

Auch die Grundannahmen im NLP sind selbstverständlich Filter. Damit hast Du eine weitere Möglichkeit gefunden, Dich und die Welt wahrzunehmen. Filter sind nicht „wahr", aber sehr nützlich.

Deine Ziele sind selbstverständlich auch Filter. Sie setzen den Fokus genau auf das, was Du haben oder erreichen möchtest. Wenn Du ein präzises Ziel für Dich gefunden hast, nimmst Du auch all die Menschen und Dinge wahr, die Dich unterstützen können. Deshalb war u.a. die genaue Formulierung Deines Ziels so wichtig.

Mit einer genauen Wahrnehmung kannst Du Veränderungen bei Dir selbst und anderen feststellen und überprüfen, ob Du Dein Ziel erreicht hast oder was Du noch brauchst.

Wenn Deine Wahrnehmung präzise und ausreichend ist, kannst Du erfahren, was während der Kommunikation überhaupt passiert. Wenn Du nur redest, redest, redest und nicht wahrnimmst, ob und wie das bei dem anderen ankommt, wirst Du Dein Ziel nicht erreichen. Schlechte Verkäufer sind daran zu erkennen, daß sie ununterbrochen auf den Kunden einreden, jedoch vollständig die Reaktion des Gesprächspartners übersehen. Dafür sprechen sie Dich bei jedem zweiten Satz mit Deinem Namen an, wie sie es in Verkaufs-Seminaren gelernt haben.

Doch zurück zur „guten", d.h. erfolgreichen und funktionierenden Kommunikation. Im Gespräch reicht manchmal ein „offenes Ohr", um die Rückmeldungen der Mitmenschen zu hören. Oftmals erhältst Du jedoch keine direkten verbalen, sondern eher unbewußte nonverbale Rückmeldungen. Je genauer Du diese Rückmeldungen wahrnimmst, umso exakter und angemessener kannst Du auf Deinen Gesprächspartner reagieren.

Was kannst Du alles in der Kommunikation wahrnehmen?

In der Kommunikation mit anderen kannst Du mit Deinen Sinnen wahrnehmen, wie Dein Gesprächspartner reagiert.

Du kannst sehen:
→ die Körperhaltung (stehen, sitzen, hocken, knien, liegen);
→ die Körperbewegung (Bewegung von Kopf, Schultern, Armen, Oberkörper, Becken, Beinen und Füßen);
→ den Gesichtsausdruck (Mund, Augenbrauen, Nasenflügel, Gesichtsfarbe);
→ die Augenbewegungen (auch Lidreflexe, Pupillengröße, Feuchtigkeit);
→ die Atmung (Atembereich [Brust, Bauch], Atemvolumen, Atemfrequenz);
→ den Muskeltonus, Spannung etc.

Du kannst hören:
→ die Lautstärke;
→ die Tonhöhe;
→ die Sprechgeschwindigkeit;
→ den Sprechrhythmus (auch Gesprächspausen) etc.

Du kannst fühlen:
➜ den Druck;
➜ die Temperatur;
➜ die Feuchtigkeit;
➜ die Muskelspannung etc.

Bei manchen Menschen kannst Du einen Geruch wahrnehmen (Schweiß, Mundgeruch, Alkohol, aber auch Parfüm, Bonbons). Der Geschmack nimmt in der zwischenmenschlichen Kommunikation eher eine untergeordnete Rolle ein.

Die genaue Wahrnehmung gibt Dir genauere Informationen über die Reaktionen Deines Gesprächspartners und die „Antworten des Körpers". Damit kannst Du aber auch Rückschlüsse auf den inneren Zustand der Person ziehen. Doch das Interpretieren von Körpersignalen wird dem Gesprächspartner nicht immer gerecht.

Das Kalibrieren

Das Kalibrieren (sich einstellen, eichen) geht über das genaue Wahrnehmen hinaus. Es meint, daß Du innere Zustände einer Person über die äußeren Sinnesreize wahrnehmen kannst. Nicht alle Menschen sehen gleich aus, wenn Sie sich z.B. freuen, wütend sind oder Trauer empfinden. Die Körpersprache ist bei jedem Menschen unterschiedlich. Deshalb ist es wichtig, in jeder Situation und bei jedem Gesprächspartner neugierig zu sein, was jeweils genau zu beobachten ist und was die beobachteten Körpersignale für die Person bedeuten. Kalibrieren meint in diesem Zusammenhang „sich einstellen" auf die Person und wahrnehmen, welcher Ausdruck zu welchem inneren Zustand gehört. Dazu gehört auch, daß man sich die Körpersignale merkt, um sie wiedererkennen zu können. Es ist für jede einzelne Person wieder neu zu überprüfen. So können die verschränkten Arme vor der Brust für die eine Person „Rückzug" oder „Abwehr" bedeuten, für die andere Person jedoch „gespannte Erwartungshaltung" oder „neugierige Zuschauerperspektive". Ein auf jeden Menschen anwendbares, funktionierendes Lexikon der Körpersprache gibt es nicht. Dazu gibt es trotz mancher Übereinstimmung einfach zu viele kulturelle, soziale und individuelle Unterschiede.

Zwar gibt es viele Gesten, auf deren Bedeutung wir uns verständigt haben, wie z.B. Kopfnicken (Zustimmung), Klatschen (Beifall), Heranwinken (Komm her!), Schulterklopfen (Ermutigung), mit dem Finger zeigen (Richtung anzeigen), Händeschütteln (Begrüßung), usw. Aber schon die Begrüßung (Händeschütteln) in einem anderen kulturellen Rahmen kann zu Mißverständnissen führen. In der Mongolei bericht man sich gegenseitig die Wangen, berührt und reibt seine Nasen aneinander. Die Abessiner entblößen sich bei der Begrüßung bis zum Gürtel und das Volk von Loango klatscht zur Begrüßung in die Hände (Argyle 1989).

Jeder Mensch entwickelt aufgrund seiner Kultur, der Sprache und seiner Geschichte ein sehr individuelles Ausdrucksverhalten. Es gilt, neugierig zu sein und immer wieder aufs neue zu überprüfen, was ein bestimmtes Verhalten für diejenige Person bedeutet. Für Partnerschaften ist das besonders interessant. Auch und gerade wenn Du denkst, diesen Gesichtsausdruck oder diesen Ton kennst Du genau, eröffnet es manchmal ungeahnte Perspektiven, nochmal neugierig nachzufragen, was dieser Gesichtsausdruck oder Ton wirklich heißt. In der Regel hat man das Verhalten des anderen nur interpretiert, Vermutungen angestellt, anstatt nachzufragen, um einen konkreten Erfahrungswert zu erhalten.

Viel zu oft sprechen wir über Vermutungen und Vorannahmen, die nicht überprüft wurden. Aussagen wie etwa: „Ist der heute aber unsicher", „Sie ist ziemlich gestreßt", oder „Herr B. ist unkonzentriert" sind *Interpretationen* unserer Wahrnehmung. Das eigentlich Wahrzunehmende ist z.B. Schweiß auf der Stirn, rote Gesichtsfarbe, schneller Atemrhythmus im Brustbereich. Nun werden wir in der Regel immer Interpretationen aufgrund unserer Wahrnehmung anstellen. Unterschiedlich ist allein der Grad der Genauigkeit. Je genauer wir bei jeder Person wahrnehmen, desto fundierter und treffender wird unsere Aussage über den Zustand des anderen.

Auf Personen, die Du gut kennst, hast Du Dich meistens schon gut eingestellt, d.h. Du kalibrierst sie meist unbewußt. Du kennst den Gesichtsausdruck, die Körperhaltung und andere Körpersignale, wenn es der Person in bestimmten Situationen gut oder weniger gut geht. Wahrscheinlich bist Du bei sehr guten Freunden in der Lage, ihren inneren Zustand zu beschreiben, bevor die Person den Mund zum Sprechen aufmachen konnte. Das kann manchmal soweit gehen, daß Du unbewußt die unterschiedlichen Körpersignale von „Wahrheit sagen" und von „lügen" erkennst und damit auch unabhängig vom gesprochenen Wort weißt, ob jemand gerade lügt oder die Wahrheit sagt. Dies geht bewußt nur dann, wenn Du vorher eindeutige Kriterien für „Wahrheit" und „Lügen" beobachten konntest. Sonst ist es ein Ratespiel.

Es geht darum, ein genaues Raster der Wahrnehmung zu verwenden und mehr darüber zu sprechen, was wir bei der Kommunikation mit dem anderen wirklich sehen, hören und spüren können.

„*Weg vom vorschnellen Interpretieren – hin zum genauen Wahrnehmen.*" Damit stellen wir uns optimal auf unseren Gesprächspartner ein und sind in der Lage, die Rückmeldungen in Beziehung zum inneren Zustand der Person zu setzen. Du kannst die Auswirkungen Deiner Kommunikation beobachten und flexibel darauf reagieren. Wenn

Du nichts beobachtest, wirst Du auch nicht reagieren. Je öfter Du Deine Wahrnehmung schulst und bewußt übst, um so leichter wird es Dir fallen, auch feinste Zeichen wahrzunehmen.

Die Wahrnehmungstypen

Neben den Unterschieden im körperlichen Ausdruck gibt es auch noch verschiedene innere Verarbeitungsprozesse. Wenn Du mehr über diese inneren Prozesse von anderen weißt, wirst Du einen leichteren Zugang zu den Menschen bekommen und sie besser verstehen. Wir nehmen sowohl die äußere, als auch die innere Welt über unsere fünf Sinne wahr. Interessanterweise nutzen wir jedoch die einzelnen Sinneskanäle (sehen, hören, fühlen, riechen, schmecken) in recht unterschiedlichem Ausmaß.

Bei der Wahrnehmung unserer Umwelt nutzen wir je nach Situation den am besten geeigneten Wahrnehmungskanal. Für den Kinobesuch, das Mal-Seminar oder das Autofahren werden wir bevorzugt den Sehsinn nutzen. Bei Konzerten, Telefongesprächen oder im Musik-Unterricht wird es meist der Hörsinn sein. Beim Yoga, beim Sex oder beim Sport dominiert meist der Gefühlssinn. Der Geschmackssinn wird z.B. bei einem genußvollen Essen verwöhnt und der Geruchssinn bei der Auswahl von Parfum und After-Shave.

Für unser Denken nutzen wir einzelne Repräsentationssysteme häufiger als die anderen. Die drei am meisten genutzten Repräsentationssysteme sind das Sehen, Hören und Fühlen. So machen sich einige Menschen bevorzugt innere Bilder, um sich etwas vorzustellen (visuell). Andere sprechen innerlich zu sich selbst und können sich an ein Gespräch Wort für Wort erinnern (auditiv). Und wieder andere spüren besonders stark die Atmosphäre und nehmen ihre Gefühle dabei wahr (kinästhetisch).

Das Repräsentationssystem, welches man am meisten nutzt, um z.B. Erfahrungen wieder zugänglich zu machen, nennt man im NLP das *bevorzugte Repräsentationssystem*. Wie findest Du jetzt heraus, welches Dein bevorzugtes Repräsentationssystem und das von anderen ist? Wie erkennst Du es? Hauptsächlich über drei Zugangshinweise:
→ die gesprochene Sprache
→ die Augenbewegungen
→ die Körpersprache

1. Die Sprache (was und wie jemand etwas sagt)

Sprache beschreibt recht genau, was und wie wir denken. Sie ist eine Art Abbildung unseres Denkens. Wir haben eine große Menge an Worten zur Verfügung, um anderen unsere Erfahrungen, unsere Gedanken oder unsere Ziele mitzuteilen. Wir entscheiden uns beim Sprechen unbewußt jedoch für die Worte, die unsere Gedankenwelt möglichst genau abbilden. Über die Worte läßt sich herausfinden, welches Repräsentationssystem jemand überwiegend nutzt.

Hör Dir mal die Reiseberichte der drei Damen an, die zwei Wochen in Griechenland Urlaub machten und über die gleiche Szene am Strand berichten. Vielleicht erkennst Du ja das jeweils bevorzugte Repräsentationssystem:

Frau A.: „Es war so traumhaft schön!! Ich sehe das Meer noch vor mir mit seinem blauen schimmernden Glanz. Ich habe den Horizont vor Augen, an dem sich die dunkelrote Sonne abzeichnet. Es sah alles so malerisch aus. Du kannst Dir gar nicht vorstellen, welche Sicht sich uns dort bot. Man konnte ganz weit aufs Meer schauen, denn wir hatten eine klare Sicht. Das Licht der Sonne spiegelte sich im Wasser und glitzerte uns an."

Frau B.: „Ich fand ja die Ruhe so schön. Das einzige, was zu hören war, war das leise Plätschern der Wellen und die vereinzelten Schreie von Möwen. Ich war im Einklang mit der Natur. Wir haben einige Zeit nur geschwiegen und den Naturgeräuschen gelauscht. Etwas später haben wir griechische Musik aus einer entfernten Taverne gehört."

Frau C.: „Mich hat das alles sehr beeindruckt. Mit meinen Füßen stand ich im warmen Sand und sackte immer etwas nach. Der Wind strich ganz zart über uns hinweg. Ich hatte das Gefühl, in die Natur eingebettet zu sein. So entspannt hatte ich mich schon lange nicht empfunden. Ich fühlte mich einfach gut."

Alle drei waren zwar zur gleichen Zeit am gleichen Ort, haben ihre Erfahrungen aber unterschiedlich repräsentiert. Du kannst an den Worten erkennen, welches Repräsentationssystem das jeweils bevorzugte ist. Bei der ersten Erzählung wurden überwiegend „visuelle" Worte (z.B. sehen, blauer schimmernder Glanz, vorstellen), bei der zweiten „auditive" (z.B. hören, leises Plätschern, Einklang) und bei der dritten hauptsächlich „kinästhetische" Worte (z.B. beeindruckt, warm, zart) verwendet. Die Worte, die uns aufzeigen, ob jemand sich innerlich Bilder vorstellt, Stimmen oder Geräusche hört oder Gefühle wahrnimmt, werden Prädikate (Verben, Adverbien, Adjektive) genannt. Es gibt aber auch einige Substantive und Redewendungen.

Hierzu einige Beispiele:

Visuell: (sehen)	**Auditiv:** (hören)	**Kinästhetisch:** (spüren)
sehen	hören	fühlen
ein Bild machen	stimmig finden	berührt sein
erblicken	berufen sein	begreifen
vorsichtig	tönen	behandeln
hell	laut	weich
leuchten	abstimmen	warm
farbig	harmonisieren	fest
klar	Geschrei	glatt
neblig	klangvoll	bedrückt sein
Meinungsbild	umstimmen	Eindruck
schwarz sehen	bestimmt	Gespür haben
erhellen	anklingen	Empfinden
Durchblick	eintönig	Ausdruck
meiner Ansicht nach	lauschig	spannend
offensichtlich	lautlos	Angriff
ein Einsehen haben	sang- und klanglos	sanft
einbilden	mit Pauken und Trompeten	zart
sonnenklar	klangvoll	kribbelig
auf's Ansehen achten	zustimmen	Herzklopfen
Ausblick	blubbern	pulsieren

Es gibt natürlich auch noch die gustatorischen (schmecken, scharf, sauer sein o.ä.) und olfaktorischen Wörter (riechen, dufte, muffig o.ä.) und Wörter, die nicht zu einem Repräsentationssystem zugeordnet werden können, wie etwa „verstehen, denken, lernen, wahrnehmen, erfahren, ..." (unspezifische Worte).

Aber nicht nur die Worte, also das, was jemand sagt, sondern auch wie jemand etwas sagt, kann Dir Hinweise auf sein bevorzugtes Repräsentationssystem geben. Der visuelle Typ spricht verhältnismäßig schnell und hoch; der auditive Typ spricht gleichmäßig laut, seine Stimme ist klar und voll; der kinästhetische Typ hat eine tiefe, langsame und weiche Stimme.

Ob das auch alles wahr ist? Betrachte es als Einladung zum Ausprobieren!

Dazu kannst Du eigene Erfahrungen machen, indem Du zukünftig bei anderen genau zuhörst, welche Prädikate sie überwiegend verwenden.

Wenn Du Dein bevorzugtes Repräsentationssystem herausbekommen möchtest, erzähle einem guten Freund eine Geschichte. Der kann für Dich dann die Prädikate erkennen und zuordnen. Oder aber Du sprichst einen freien Text aufs Tonband und analysierst Deine eigene Sprache. Es macht auch Spaß, bei Fernsehsendungen oder Hörfunkinterviews auf die bevorzugten Repräsentationssysteme der Redner zu achten.

2. Die Augenbewegungen

Auch die Augenbewegungen des Menschen geben uns Informationen über das genutzte Repräsentationssystem. Vielleicht ist Dir aufgefallen, daß sich die Augen während des Erzählens oder Nachdenkens für einen kurzen Augenblick unbewußt in bestimmte Richtungen bewegen. So kann es sein, daß jemand seine Augen für einen winzigen Moment nach oben bewegt, um sich z.B. an einen Namen zu erinnern. Im NLP geht man davon aus, daß Menschen, die sich innere Bilder machen, nach oben schauen. Menschen die innere Töne oder Geräusche herstellen, blicken in Augenhöhe und die, die mit sich im inneren Dialog sind oder einem Gefühl nachspüren, blicken nach unten.

Links – oben: visuell konstruiert
        Mitte: auditiv konstruiert
        untern: kinästhetisch

Rechts – oben: visuell erinnert
         Mitte: auditiv erinnert
         untern: innerer Dialog

Die Augenbewegungsmuster werden Dir dann eine Hilfe sein, wenn Du sie als unterstützende Hinweise begreifst und nicht glaubst, daß Du nun in die Seele des anderen schauen kannst und dort die Wahrheit erkennst. Beginne damit, in Gesprächen darauf zu achten, wie sich die Augen Deines Gegenübers bewegen und welche Aussagen er trifft, oder welche Gedanken er sich in diesem Augenblick macht. Sammle Deine eigenen Erfahrungen und sei bei jeder Person neugierig, ob das Modell funktioniert.

Als Anregung hier ein paar Fragen, die Du Dir selbst beantworten kannst, um dabei Deine Augenbewegungen zu beobachten. Zeichne hinter den Fragen die Blickrichtung Deiner Augen ein:

→ *Welche Farbe hat Deine Zahnbürste?*
→ *Stell Dir vor, wie ein Hund mit grünen Beinen aussieht!*
→ *Wie hört sich die Stimme Deines besten Freundes an?*
→ *Wie würde es klingen, wenn eine Tomate sprechen könnte?*
→ *Sag Dir mal innerlich: „Ich schaffe es!"*
→ *Wie fühlt es sich an, wenn Du Dich richtig wohl fühlst?*

Jetzt kannst Du die Blickrichtung mit der Zeichnung vergleichen und Dir anschauen, ob Du Dich zur Beantwortung der Fragen eher visuell, auditiv oder kinästhetisch erinnert hast. Interessant ist es auch, diese Übung mit Freunden durchzuführen und sie zu bitten, die Fragen innerlich zu beantworten. Du kannst Dich dann ganz auf die Augenbewegungen konzentrieren.

Auch in ganz normalen Gesprächen kannst Du auf die Augenmuster achten. Es wäre schön, wenn Du dem Gespräch trotzdem noch folgen kannst und dem anderen nicht nur in die Augen starrst. Vielleicht wirst Du Übereinstimmungen der Augenbewegungen mit den Prädikaten entdecken. Jemand schaut nach rechts unten während er sagt: „Ich fühle mich heute geschafft" (kinästhetisch genutztes Repräsentationssystem). Oder aber er schaut kurz nach links oben und redet davon, „wie es aussehen würde, wenn er schon Feierabend hätte" (visuelles Repräsentationssystem).

Es gibt aber noch weitere Hinweise.

3. Die Körpersprache (Körperhaltung, Gestik, Atmung)

In Verbindung mit der Sprache und den Augenbewegungen kannst Du auch über die Körpersprache Hinweise über die Art zu denken erhalten.

Das Nachfolgende ist als Anregung zu verstehen und immer wieder neu zu überprüfen. Nicht das NLP-Modell und seine Richtigkeit stehen im Vordergrund, sondern die Menschen, denen Du begegnest und eine funktionierende Kommunikation mit ihnen.

Beim visuellen Repräsentationssystem ist die Atmung eher flach und im oberen Brustbereich, die Schultern können zusammengezogen sein, man gestikuliert im oberen Bereich. Die Atmung im auditiven Repräsentationssystem ist gleichmäßig in der Mitte des Brustkorbes, die Spannung in den Schultern ist gleich verteilt, die Hände gestikulieren vor und zurück. Im kinästhetischen Bereich bewegen sich die Hände überwiegend im unteren Bereich, die Atmung ist tief und ruhig und die Schultern hängen entspannt. Bestimmte Körperhaltungen, Gestik und Atmung, erleichtern uns, Zugang zu einem bestimmten Repräsentationssystem herzustellen.

Kongruenz

Wenn Sprache, Augenbewegungen und Körperausdruck übereinstimmen, entsteht Kongruenz. Eine kongruente Person wirkt echt, harmonisch und stimmig. Die Übereinstimmung von verbalem und nonverbalem Verhalten drückt Klarheit aus und steht für die innere Übereinstimmung Deiner Werte (also was Dir in Deinem Leben sehr wichtig ist), Deiner Ziele und Deiner Einstellungen zu Dir selbst und der Welt. Es wäre schön, wenn unsere bewußten und unbewußten, die verbalen und nonverbalen Anteile ständig im Einklang wären. Dem ist jedoch meistens nicht so.

Wenn Du Deine Wahrnehmung verfeinert hast, kann es sein, daß Du auch viele Inkongruenzen bei Dir und anderen bemerkst. Das klassische Beispiel ist der Mensch, der „Ja" sagt und mit dem Kopf „Nein" schüttelt. Oder aber eine Person, die Dir sagt, daß sie sich gut fühlt, Dir jedoch mit hängendem Kopf, eingefallener Körperhaltung und Tränen in den Augen gegenübersitzt. Ähnlich wie jemand, der sagt, daß er es eilig hat und weggehen muß, mit seiner gesamten Körperhaltung aber Interesse demonstriert und zum Weiterreden einlädt.

Bei Inkongruenzen melden sich unbewußte Teile in uns, die andere Interessen anmelden und berücksichtigt werden wollen. Gerade bei hochgesteckten Zielen gibt es manchmal Anteile in uns, die noch Einwände haben und beachtet werden wollen. Denn jeder Einwand hat oder hatte seine Berechtigung in unserem Leben. Erst mit einer genauen Wahrnehmung kannst Du Deine und andere Inkongruenzen aufdecken und bewußtmachen, um sie dann in Einklang mit den Zielen zu bringen.

Wenn Du vollkommen kongruent über Dein Ziel reden kannst oder es einfach selbstverständlich lebst, dann bist Du ein Stück weiter. Auch das Erkennen, ob ein Ziel bereits erreicht ist, wird durch eine gute Wahrnehmung erleichtert.

Es gibt natürlich auch Situationen, in denen es sinnvoll ist, die Wahrnehmung abzustumpfen. Wenn Du ununterbrochen mit einem hochsensiblen Wahrnehmungsapparat rumläufst, kann Dich das manchmal nerven. Dann werden die Gespräche am Nachbartisch zu einer Belästigung und die Bauarbeiten im Nebenhaus zu einem Horrortrip.

Die Kunst der Wahrnehmung liegt darin, seine Sinne zielgerichtet einzusetzen. Für eine „gute" und funktionierende Kommunikation mit sich selbst und anderen ist die genaue Wahrnehmung sehr hilfreich. Wenn dazu noch eine große Portion Neugierde und einiges an Respekt hinzukommt, sollte die Basis für tragfähige Beziehungen vorhanden sein.

„Liebe besteht zu drei Vierteln aus Neugier." – Casanova

Nimm Dir jeden Morgen zehn Minuten Zeit und bereite Dich auf den Tag vor, indem Du Dir „die sechs Fragen für den Tag" stellst und sie für Dich innerlich beantwortest:
1. Worauf kannst Du stolz sein in Deinem Leben?
2. Was macht Dich glücklich?
3. Wofür kannst Du dankbar sein?
4. Wer liebt Dich? Wer darf Dich lieben?
5. Wen oder was liebst Du?
6. Was kannst Du heute tun, um Dein Ziel zu erreichen?

Mit den „Fragen für den Tag" stimmst Du Dich auf den Tag ein und richtest Dein Denken auf Dein Ziel aus. Du veränderst Deinen individuellen Filter und damit auch Deine Wahrnehmung.

Jede Frage drängt nach einer Antwort. Wenn Du Dir die Fragen öfter gestellt hast, wirst Du vielfältige Antworten bekommen. Die Antworten können wie Geschenke sein. So selbstverständlich, wie Du Dich anziehst, wenn Du Dein Haus verläßt, kannst Du auch Deinen Wahrnehmungsfilter aufsetzen, bevor der Tag beginnt. Denn es macht einen Unterschied, ob Du mit „Mal sehen, was mir heute wieder für ein Mißgeschick passiert" aufwachst und zur Arbeit gehst oder mit „Was kann ich heute tun, um mein Ziel zu erreichen?".

4. Rapport oder „Wie Du andere dazu einladen kannst, gern mit Dir zusammen zu sein"

Was wäre die Welt ohne Beziehungen?

Stelle Dir kurz vor, wie es wäre, wenn Du auf dieser Welt vollkommen alleine wärst. Es gibt niemanden, der Dich unterstützen, niemanden, der Dich lieben kann oder den Du lieben könntest. Es ist keiner da, mit dem Du sprechen und lernen könntest. Nimm wahr, wie Du Dich fühlen würdest, so ganz allein auf dieser großen Erde, auf der Du das einzige Lebewesen bist. Ist das nicht furchtbar?

Welchen Stellenwert haben Deine Ziele in einer solchen Situation und was kannst Du mit Deiner Wahrnehmung nun anfangen?

Die Ziele werden zweitrangig, wenn es keine Menschen gibt, mit denen man sie auch erreichen kann. Erfolg und Freude werden fade, wenn man niemanden hat, mit dem man sie teilen kann. Die genaue Wahrnehmung wird überflüssig, da man in seiner Einsamkeit niemanden zum Wahrnehmen hätte. Glücklicherweise leben wir mit vielen anderen Lebewesen hier auf diesem Planeten.

Erst Beziehungen machen das Leben lebenswert! In lebendigen Beziehungen lernst Du leicht, entwickelst neue Fähigkeiten, fühlst Dich geliebt und kannst Dich austauschen. Mit Hilfe der Beziehungen kannst Du auch von anderen lernen, mußt nicht alle Erfahrungen selbst machen. Beziehungen können Dich darin unterstützen, das zu erreichen, was Du erreichen willst. Beziehungen können Dich stärken und Dir das Gefühl von Zugehörigkeit geben.

Du hast u.a. Beziehungen zu Deinen Eltern, Deinem Partner/Deiner Partnerin, Deinen Kindern, Deinen Arbeitskollegen, Deinen Freunden und Verwandten. Du magst Dich manchmal über Deine Beziehungen freuen oder Dich ärgern, manchmal auch traurig sein oder aber Lust und Spaß empfinden – für all das bist Du mitverantwortlich. Du bist an der Gestaltung Deiner Beziehungen aktiv beteiligt.

Dieses Kapitel gibt Dir einige Tips, wie Du lebendige Beziehungen, wie Du Vertrauen und Nähe in Beziehungen erleben kannst, wie Du Kontakt zu anderen herstellen kannst, wenn Du es möchtest.

„Rapport" beschreibt eine enge persönliche Beziehung und eine Verbindung, in der man mit anderen harmonisiert. Du hast Rapport in den Situationen erlebt, in denen Du Dich „verstanden" und „beachtet" gefühlt hast, in denen Du „Vertrauen gespürt" hast, Du Dich „angenommen gefühlt" hast. Vielleicht würdest Du positive Beziehungen auch mit „gemeinsam schwingen", „in Harmonie sein", „miteinander fließen" oder „einen guten Draht haben" bezeichnen.

Das Herstellen von „Rapport" ist notwendig, um das Modell der Wirklichkeit des Anderen zu verstehen. Ein guter Rapport ist die Grundlage für erfolgreiche Kommunikation. Und eine erfolgreiche Kommunikation unterstützt Dich bei dem Erreichen Deiner Ziele. Es ist gleich, ob Du z.B. eine funktionierende Partnerschaft oder Freundschaft haben möchtest, ob Du Deine Kinder mit Freude erziehen oder ob Du beruflich erfolgreich sein möchtest. In allen Situationen bist Du mit Menschen zusammen. Wenn Du Lehrer bist, ist eine gute Beziehung zu Deinen Schülern Vorraussetzung, damit „leichtes Lehren" überhaupt möglich ist. Wenn Du Verkäufer bist, unterstützt Dich eine gute Beziehung zu Deinen Kunden darin, auf deren Bedürfnisse einzugehen und sie damit optimal zu beraten. Als Therapeut ist eine gute Beziehung zu Deinem Klienten Vorraussetzung dafür, daß dieser sich öffnet und Veränderung überhaupt möglich wird. Bei Liebesbeziehungen unterstützt das Herstellen von Rapport die Nähe, das Vertrauen und die Offenheit zum Partner. Sympathie und Antipathie sind häufig das Resultat von hergestelltem oder nicht hergestelltem Rapport.

Rapport herstellen ist etwas, was jeder von uns tut und schon oft genug getan hat, denn meistens stellen wir Rapport *unbewußt* her.

Das NLP bietet einige Möglichkeiten, um gute Beziehungen *bewußt* herzustellen. Gerade in Situationen, in denen es an Kontakt oder Vertrauen mangelt, wäre es doch schön, eine positive Beziehung herzustellen. Was kannst Du also konkret machen, um Rapport herzustellen? Wie stellst Du eine vertrauensvolle Beziehung her?

Eine wesentliche Methode, um einen möglichst guten Rapport herzustellen, ist das „Spiegeln" (mirroring). Beim Spiegeln wird versucht, das eigene Verhalten dem des Gesprächspartners möglichst umfassend anzupassen. *Denn: Gemeinsamkeiten verbinden!!!*

Stell Dir vor, Du siehst eine Person, die ähnliche Kleidung trägt wie Du, die auf die gleiche Art lacht und sich bewegt wie Du und die zu bestimmten Themen die gleiche Meinung hat wie Du. Würdest Du denken: „Was für eine unsympathische Person"? – Wohl kaum!

In der Regel lieben wir Menschen, die so sind wie wir selbst oder wie wir gerne sein würden. Wenn wir verliebt sind, sehen wir auf einmal unzählige Gemeinsamkeiten, die uns mit der Person verbinden. Verliebte entwickeln gemeinsame Interessen, haben ähnliche Meinungen und verhalten sich gleich. Sie lachen an der gleichen Stelle und bewegen sich im gleichen Rhythmus. Sie nehmen ähnliche Körperhaltungen ein und stimmen ihr „Liebesgeflüster" aufeinander ab. Du bemerkst, daß das „Spiegeln" keine Erfindung des NLP, sondern dem Leben abgeschaut ist. Du tust es selbstverständlich, wenn Du einen „guten Draht" zu anderen herstellst.

Der Psychologe Robert B. Zajonic fand heraus, daß zwei Menschen sich auch äußerlich ähnlicher werden, je länger sie miteinander verheiratet sind. Er ließ Fotos von verheirateten Männern und Frauen von dritten Personen anschauen und zuordnen. Resultat: Die älteren Paare (meist 25 Jahre verheiratet) waren sich äußerlich z.B. in Gesichtsausdruck und Kopfhaltung sehr ähnlich und konnten von den meisten zugeordnet werden. Übrigens: Je ähnlicher sich Partner waren, desto glücklicher war auch ihre Ehe.

Wir kommunizieren zu etwa 58% mit Hilfe unserer Körpersprache, zu 34% mit Hilfe unserer Stimme und nur zu 8% über den Inhalt des Gesagten. *Wie* wir etwas sagen hat also einen größeren Einfluß in der Kommunikation, als das *was* wir sagen. Die Körpersprache spielt dabei eine ganz wesentliche Rolle.

Wie kannst Du Deinen Körperausdruck für Rapport nutzen?

1. Das Angleichen der Körperhaltung (Körperbewegung)

„Wir sprechen mit unseren Stimmorganen, aber wir unterhalten uns mit unserem ganzen Körper." – *K. Abercrombie*

Kommunikation ist kein starrer Ablauf, bei dem wir nur unseren Mund auf und zu machen, sondern ein sehr lebendiger Vorgang, in den wir unseren gesamten Körper mit einbeziehen. Wir bewegen beim Reden unsere Hände, den Kopf, die Augen, die Beine und den Körper im Ganzen.

Um das körpersprachliche Spiegeln einzusetzen und zu üben, ist der erste Schritt, Dir in ausgesuchten Kommunikationssituationen Deine und die Körperhaltung Deines Gegenübers bewußt zu machen. Schau genau hin und nimm wahr, wie Dein Gesprächspartner sitzt oder steht! Wie hält er seine Arme? Wie ist seine Kopfhaltung? Wie ist seine Beinstellung? Welchen Gesichtsausdruck macht die Person? Wohin schauen die Augen? usw.

Nun kannst Du Teile Deiner Körperhaltung allmählich anpassen, so daß Du die gleiche Körperhaltung einnimmst wie Dein Gesprächspartner. Wenn Du es unelegant und ohne Respekt für den anderen durchführst, wird es dem anderen auf- und eventuell mißfallen. Das kann z.B. dann der Fall sein, wenn Du auch kleinste Bewegungen Deines Gegenüber nachmachst (z.B. am Kopf kratzen, an den Fingernägeln „polken" [Berliner Mundart], an der Nase fummeln) und innerlich nicht mehr bei der Person bist. Das Spiegeln ist nicht etwas, was Du *an* anderen, sondern *mit* anderen zusammen machst.

Übe deshalb mit Respekt für und echtem Interesse an der Person, damit es für Euch beide eine Bereicherung wird.

Für die Übung nimm zwischendurch eine andere Körperhaltung ein und nimm wahr, was mit Deiner Kommunikation passiert. Verändert sich etwas? Wie reagiert Dein Gesprächspartner? Wie fühlst Du Dich jetzt? Wie verläuft die Kommunikation weiter?

Schau Dich auch um, wie andere sich verhalten, wenn sie miteinander im Gespräch sind. Cafés und Restaurants sind wunderbare Plätze, um zu beobachten, ob Menschen miteinander im Rapport sind und wie sie ihn unbewußt herstellen. Auch die Art, wie sich Menschen bewegen, wenn sie z.B. nebeneinander laufen oder miteinander tanzen, geben Dir vielleicht interessante Hinweise, wie man Rapport herstellen kann (oder ihn manchmal auch verhindert). Die gemeinsame Bewegung zweier Menschen ist wie eine Welle oder ein sehr sinnlicher Tanz.

Ist das nun schon das ganze Geheimnis? Was kannst Du noch tun?

2. Das Angleichen von Stimme und Wortwahl

Beim Spiegeln der Stimme richtest Du Deine Aufmerksamkeit auf das, was die Person sagt und insbesondere darauf, wie sie es tut. Das „Wie" ist der Tonfall, die Lautstärke, der Rhythmus und die Geschwindigkeit der Stimme.

Zum Üben eignen sich hervorragend Telefongespräche, weil Du Dich hier ganz selbstverständlich auf die Stimme konzentrierst. Hör Dir zuerst bewußt an, wie laut oder leise, schnell oder langsam, mit welcher Betonung und in welchem Rhythmus Dein Gesprächspartner spricht, um Dich dann auf die Person „einzustimmen".

Das Spiegeln der Stimme ist etwas, was Du in der Regel wie selbstverständlich machst. Wenn Dir jemand z.B. im langsamen Ton vertraulich zuflüstert: „Ich fühle mich heute nicht so gut", wirst Du ihn wohl kaum mit kräftiger lauter Stimme anschreien: „Ach so, was hast Du denn?"

Wenn wir einen guten Rapport haben, sind die Stimmen sehr ähnlich und harmonisch. Das muß nicht immer „Friede, Freude, Eierkuchen" heißen. Auch in einem guten Streit kann man z.B. über gemeinsames Brüllen durchaus Rapport herstellen.

Wir haben ein riesiges Spektrum an Spielmöglichkeiten mit unserer Stimme. Laut zu sein, flüstern zu können, schnelles Sprechen, langsames Reden, bestimmte Betonungen, Kreischen und Brüllen, hauchendes oder volltöniges Sprechen usw. sind Fähigkeiten, die uns in bestimmten Situationen nützlich sein können. Je flexibler wir mit unserer Stimme sind, desto eher können wir auf unseren Gesprächspartner eingehen und auch auf Veränderungen reagieren.

Evelyne, eine sehr gute Freundin von mir, spiegelt beim Telefonieren die Stimme ihrer Gesprächspartner so genau, daß ich beim Zuhören schon nach kurzer Zeit weiß, mit wem sie spricht und in welchem inneren Zustand die Person sich vermutlich befindet.

Auch über die Worte, die Du benutzt, kannst Du wunderbar Rapport herstellen. Durch eine präzise Wahrnehmung bist Du ja bereits in der Lage, das bevorzugte Repräsentationssystem Deines Gesprächspartners zu erkennen, d.h. Du hörst heraus, ob derjenige eher visuelle, auditive oder kinästhetische Wörter benutzt. Mit diesem Wissen ausgerüstet kannst Du nun mit etwas Übung Deine Sprache darauf einstellen. Es ist die direkte Art, dem Menschen in seinem Modell der Welt zu begegnen. Nichts gibt einem ein vertrauteres Gefühl, als zu wissen, daß man eine gemeinsame Sprache spricht.

Angenommen, Du bist mit einer Person zusammen, die überwiegend visuell orientiert ist. Sie wird Begriffe wie „sehen", „schauen", „erkennen" und Redewendungen wie etwa „ist doch klar" oder „den Durchblick haben" verwenden. Wenn Du dieser Person zu verstehen geben willst, daß Du sie verstehst, dann antworte ihr am besten in ihrem Repräsentationssystem, z.B.: „Ich habe jetzt eine *klare Vorstellung* von dem, was Sie meinen", oder: „Ich finde es jetzt *anschaulich* und habe einen *Einblick* gewonnen", oder: „Ich kann mir jetzt ein *Bild* davon machen."

Bei einer kinästhetisch orientierten Person könntest Du sagen: „Ich habe einen ersten *Eindruck* gewonnen", oder: „Ich habe das *Gefühl*, es zu verstehen", oder: „Ich glaube, daß ich anfange, zu *begreifen*".

Solltest Du einer auditiv orientierten Person begegnen, stehen Dir Formulierungen wie etwa: „Das *hört* sich für mich *stimmig* an" oder „Ich kann dem *Gesagten* nur *zustimmen*" oder „Das *klingt* gut" zur Verfügung.

Du kannst andere Menschen in ihrer eigenen Sprache einladen und das wird auf viele eine große Anziehungskraft ausüben.

Welche Einladung würdest Du an welche Person verschicken?

Schau Dich um, wieviele Redewendungen Du zukünftig erkennst! *Hör* genau hin, welche Worte in Unterhaltungen zur Sprache kommen! Entwickle ein *Gespür* dafür, welche Begriffe leicht zu verwenden sind! Vielleicht kommst Du dann auf den *Geschmack* oder entwickelst einen *Riecher* für die passende Wortwahl.

Doch es gibt noch etwas, was Du ausprobieren und üben kannst.

3. Das Angleichen der Atmung

Manchen Menschen passiert folgendes: Sie stehen in einer Gruppe, und sie fühlen sich eigentlich ganz gut. Dann kommt eine neue Person in die Gruppe, und sie fühlen sich auf einmal schlecht. Was ist passiert?

Es gibt Menschen, die atmen sofort mit jemandem mit, wenn derjenige den Raum betritt. Sie tun dies meist unbewußt und wundern sich einige Zeit später, daß sie sich nicht mehr wohl fühlen.

Gemeinsames Atmen kann Dir aber auch angenehme Gefühle entlocken. Beim Sex z.B. atmet man meistens in einem gemeinsamen Rhythmus.

Der Rapport über eine gemeinsame Atmung ist sehr intensiv. Du erhältst viele Informationen über den inneren Zustand der Person und erlebst ihn mit. Wenn Du mit Menschen gemeinsam atmest, die sich schlecht fühlen, wirst Du Dich nach einiger Zeit vermutlich auch schlecht fühlen.

Wenn Du Dich selbst also gut fühlen möchtest, ist es günstig, daß Du nur mit den Menschen gemeinsam atmest, mit denen Du eine sehr enge Beziehung haben möchtest und die in einem guten inneren Zustand sind.

Du kannst die Atmung des anderen durch genaues Beobachten erkennen. Du kannst flaches und hohes Atmen im Brustbereich und tiefes volles Atmen im Bauchbereich beobachten. Es gibt schnelles und langsames, regelmäßiges und unregelmäßiges Atmen. Manchen „stockt" der Atem und sie hören kurzfristig mit dem Atmen auf. Mit einigen Menschen macht das gemeinsame Atmen keine Freude, denn man glaubt zu ersticken. In solchen Fällen würde ich Dir im Interesse Deiner Gesundheit vom direkten Spiegeln der Atmung abraten.

Vor einigen Jahren arbeitete ich mit einem 16-jährigen Mädchen, das schon einige Helfer hinter sich gelassen hatte. Als ich sie das erste Mal traf, wußte ich warum. Sie sprach nicht mit mir und lehnte alle Gesprächsangebote ab. „Was für eine Herausforderung!" dachte ich. Als ich jedoch nach vier Treffen alle meine Strategien ausprobiert hatte, mir den Mund fusslig geredet hatte und wir immer noch keinen Draht zueinander hatten, wollte ich eigentlich aufgeben. Beim letzten Treffen redete ich kein Wort mehr. Wir saßen im Zimmer und schwiegen. Das einzige, was sich mit der Zeit entwickelte, war ein gemeinsames Atmen und damit eine spürbare Nähe. Nach etwa zwei Stunden fragte sie mich: „Was machen wir jetzt?"

Nun noch ein guter Tip für die Partnerschaft: Wenn ihr aufeinander ärgerlich seid und die Stimmung einen Tiefpunkt erreicht hat, nehmt Euch 15 Minuten Zeit, setzt Euch bequem gegenüber und atmet miteinander. Während dieser Zeit achtet auf die Atmung des anderen und gleicht sie einander an. Versucht dabei, ohne Sprechen auszukommen (nur Lachen ist erlaubt). Ihr werdet merken, daß die Stimmung danach eine andere ist. Falls ihr danach z.B. Lust auf eine gegenseitige Massage habt, achtet auch hier darauf, daß ihr *mit* dem Atem des Partners massiert. Nichts ist unangenehmer, als wenn einem beim Einatmen die Lunge zusammengedrückt wird. Ihr könnt die Hände auch einen Augenblick auf dem Rücken ruhen lassen, um den Atemrhythmus des anderen zu spüren, anzunehmen und erst dann mit dem Massieren beginnen. Viel Vergnügen!

Anschließend könnt ihr immer noch über Euren Ärger sprechen. Aber vermutlich werdet ihr es jetzt auf eine andere Art und Weise tun.

Überkreuz-Spiegeln

Das „direkte Spiegeln" der Körperhaltung, der Stimme, der Wörter und der Atmung gibt Dir eine gute Möglichkeit, die Landkarte des anderen genau kennenzulernen und nachzuempfinden. Wenn Du das Erleben Deines Gesprächspartners jedoch *nicht* zu Deinem Erleben machen möchtest, aber trotzdem einen guten Rapport herstellen möchtest, bietet sich das „Überkreuz-Spiegeln" (cross-pacing) an.

Es ist nicht immer notwendig und vorteilhaft, direkt dieselbe Körperhaltung einzunehmen. Stell Dir nur mal vor, wie es wäre, wenn Du bei einem Besuch im Krankenhaus den im Bett liegenden Patienten über die Körperhaltung spiegeln müßtest.

Auch bei der Atmung ist es nicht immer günstig, direkt den gleichen Rhythmus anzunehmen. Wenn Du z.B. mit einem sehr depressiven Menschen intensiv mitatmest, wird sich Dein Zustand auch rasch verändern, und in kurzer Zeit sitzen zwei depressive Menschen da, wenn Du Deine Atmung nicht veränderst.

In solchen Fällen kannst Du die Atmung des anderen darüber spiegeln, daß Du z.B. Deinen Sprechrhythmus der Atmung anpaßt. Oder spiegele mit einer Auf- und Abbewegung Deiner Hand den Atem der anderen Person. Du kannst dabei Deinen eigenen Atemrhythmus beibehalten und trotzdem dem anderen sehr nahe sein. Damit achtest Du darauf, daß es Dir gut geht.

Im übrigen soll natürlich nicht verschwiegen werden, daß es auch einige Situationen gibt, in denen man den Rapport „brechen" können sollte. Das kann z.B. dann der Fall sein, wenn Dich jemand anspricht, von dem Du Dich belästigt fühlst, oder aber wenn Du in einer Unterhaltung merkst, daß Du dringend zu einem Termin mußt, usw.

Die Fähigkeit, Rapport herzustellen, ermöglicht Dir, eigenverantwortlich Deine Beziehungen mitzugestalten. Ob, wann und wie Du Rapport herstellst, richtet sich nach Deinen Zielen, Deiner Wahrnehmung und der Situation. Du kannst andere nun bewußt dazu einladen, gern mit Dir zusammen zu sein.

Pacen und Leaden

Rapport ist nicht etwas, was einmal hergestellt wird und dann immer da ist, sondern ein bewegliches Beziehungsspiel, in dem sich beide immer wieder neu aufeinander einstellen, wie bei einem gemeinsamen Tanz.

Das „Pacen" ist das Mitgehen in diesem Tanz, das „Leaden" beschreibt das Führen. Mit dem Pacen stellst Du einen guten Rapport her. Mit dem Leaden lädst Du andere Leute zu neuen Verhaltensweisen ein. Du kannst andere dazu bewegen, eine neue Körperhaltung einzunehmen, um damit einen neuen inneren Zustand zu erfahren oder aber leiser und langsamer zu sprechen und sich so insgesamt zu beruhigen.

Wie könnten diese Einladungen aussehen? Sei zuerst neugierig auf den Menschen und tauche in die Welt des anderen ein, indem Du „spiegelst". Beim Leaden veränderst Du dann das eigene Verhalten und überprüfst, ob der andere Dir folgt. Wenn Du z.B. während eines Gespräches eine andere Körperhaltung einnimmst, kann es sein, daß Dir Dein Gesprächspartner unbewußt folgt und ebenfalls die neue Körperhaltung einnimmt. Er ist dann Deiner Einladung gefolgt. Das gleiche kannst Du auch mit Deinem Atemrhythmus oder Deiner Stimme ausprobieren. Nachdem Du die Atmung gespiegelt hast, kannst Du z.B. allmählich schneller oder langsamer werden. Mit der Stimme kannst Du z.B. leiser oder lauter werden, je nachdem, was Dein Ziel ist. Wenn Du einen guten Rapport hast und sanft führst, wird die Person mitgehen und ihr Verhalten auch ändern.

Das Leaden bietet Dir die Möglichkeit, andere dazu einzuladen, sich zu verändern. Und wie es so ist mit Einladungen: Wenn Sie so geschrieben oder ausgesprochen sind, daß sie für den anderen attraktiv sind, wird er mit Freude der Einladung folgen. Wenn sich die Einladung jedoch unattraktiv gestaltet oder der andere ganz woanders hin möchte, wird er diese Einladung wohl nicht annehmen.

Einladungen sind Angebote!

Wozu kannst Du das Pacen und Leaden gebrauchen? Das Pacen und Leaden wird Dir nützlich sein, wenn Du andere Menschen in ressourcevolle Zustände führen möchtest, damit sie dann z.B. leichter lernen können oder neue Lösungsmöglichkeiten für sich finden. Für beratende und therapeutische Arbeit ist das Pacen und Leaden grundlegendes „Handwerkszeug". Aber auch in anderen Bereichen ist gutes Pacen und Leaden gefragt.

Was haben z.B. ein guter Tänzer und ein guter Manager gemeinsam? Beide sind in der Lage, andere Menschen so zu führen, daß es Spaß macht, mit ihnen zusammen zu sein. Wenn sie gut führen, nehmen sie zuerst das an, was da ist, um dann den anderen zum Mitgehen einzuladen und zu motivieren. Eine gute Führungskraft wird es immer verstehen, die Mitarbeiter und Kollegen dort abzuholen, wo sie sind (z.B. Aufregung, Ärger, Streß würdigen und ernstnehmen), um sie dann zu neuen Aufgaben zu motivieren und damit zu führen.

Auch wenn Du mit anderen Leuten Projekte durchführen möchtest, ist es sinnvoll, zuerst eine gemeinsame Basis zu schaffen (Rapport), um dann zusammen mit vereinter Kraft auf das Ziel loszugehen, sich gegenseitig zu führen und zu unterstützen.

Gruppen kannst Du genauso pacen und leaden wie einzelne Personen. Wenn Du zu einer Gruppe Rapport hast, wirst Du es auch an gemeinsamen Körperhaltungen und -bewegungen, an Lautstärke und Tonhöhe der Stimme oder der gemeinsamen Atmung erkennen.

Eine wirklich effektive Art, um zu Gruppen Rapport herzustellen, sind Körperübungen. Schon nach kurzer Zeit gleichen sich die unterschiedlichen inneren Zustände der Gruppenmitglieder durch die gemeinsamen Bewegungen an.

Auch gemeinsames Singen stellt schnell einen guten Gruppenrapport her. So lassen z.B. manche Lehrer ihre Schüler am Anfang ein gemeinsames Lied singen, um sie auf die Unterrichtsstunde einzustimmen. Hier „stimmen" sich die Gruppenmitglieder nicht nur über die Stimme, sondern auch über die Atmung ein. Ein anderes Beispiel sind Konzerte. Als Phil Collins in der Berliner Waldbühne etwas zu spät begann, fing er mit einem Lied an, das alle Leute kannten und forderte sie zum Mitsingen auf. Sofort war die Verspätung vergessen und einfach nur noch „gute Stimmung" da.

Wer eine Gruppe nicht singen oder tanzen lassen kann, der hat z.B. die Möglichkeit, über Lachen Rapport herzustellen. Wer eine Gruppe zum gemeinsamen Lachen bringt, der hat einen wirklich „guten Draht" aufgebaut. Aber auch mit gemeinsamen Interessen, Aufgaben und Meinungen kannst Du Rapport zu Gruppen herstellen.

Wie Du merkst, hast Du viele Möglichkeiten, andere einzuladen, gern mit Dir zusammen zu sein. Vielleicht fällt Dir das leicht und Du tust das sowieso schon, aber Du hast Dir darüber in der Vergangenheit keine Gedanken gemacht. Dann weißt Du jetzt etwas konkreter, was Du so machst und kannst anfangen, bewußt damit zu spielen.

Für mich kam das Wissen darum, wie man Beziehungen herstellen kann, einer Einweihung gleich: Wenn man es einmal begriffen hat, kann man nicht mehr so tun, als ob man darüber nichts wüßte. Oder wie Luhmann sagte: „Einmal in Kommunikation verstrickt, kommt man nie wieder ins Paradies der einfachen Seelen zurück." (Luhmann, 1984)

Der heiße Tip: Der Alltag als „Rapport-Übung"

Zum Ausprobieren: Stelle bewußt zu anderen Menschen Rapport her! Nimm eine Woche lang jeden Tag zu Menschen Kontakt auf, die Du noch nicht kennst, auf die Du aber neugierig bist.

Es gibt unzählige Möglichkeiten, im Laufe eines Tages andere Menschen anzusprechen und Kontakt aufzunehmen. Du kannst z.B. in einer Warteschlange andere mit der Körperhaltung spiegeln, während einer Bahnfahrt mit Deinem Gegenüber Rapport herstellen oder zu einem Deiner Arbeitskollegen einen besseren Kontakt aufbauen.

Du kannst auch abends zum Flirten ausgehen. Es ist interessant, wie mit der Körpersprache bereits Signale gesetzt werden. Vor dem eigentlichen Kennenlernen ist mit dem Blickkontakt, der Körperhaltung und der Bewegung bereits das Beziehungsspiel eröffnet worden.

Du kannst auch Deinen Partner oder Deine Partnerin zum Flirten einladen. Mit Rapport stellen wir Nähe zu anderen Menschen her. Es erscheint mir plausibel, diese Fertigkeit mit den Menschen zu nutzen, die uns besonders wichtig sind.

Wenn Du zu einer Dir zunächst fremden Person Rapport hergestellt hast, verabschiede Sie auch respektvoll. Beende das Gespräch so, daß es rund ist und die Person das Gefühl hat, es ging nicht um eine Übung, sondern um echtes Interesse Deinerseits. Stelle nur mit den Personen Rapport her, die Dich auch interessieren und auf die Du wirklich neugierig bist. Sei authentisch in Deiner Kommunikation.

Wenn der Kontakt zu Dir eine Bereicherung für die Person darstellt, hast Du jemandem ein Geschenk gemacht. Gleichzeitig kannst Du immer wieder Deine Fertigkeiten im Herstellen von Beziehungen verfeinern und weiterentwickeln.

Das wichtigste am Rapport ist wohl, daß man weiß, wann man ihn hat und wann er fehlt, um darauf reagieren zu können. Wenn Du einen guten Kontakt zu einem Menschen hast und wenn Du wirklich neugierig auf den anderen bist, wirst Du viele der genannten Möglichkeiten selbstverständlich anwenden. Interessant sind Situationen, in denen Rapport fehlt und man das Gefühl hat, aneinander vorbeizureden oder sich nicht verstanden fühlt. Dann probiere eine oder mehrere dieser Möglichkeiten aus. Du kannst die Körperhaltung überprüfen und verändern, Dir die Stimmen anhören und angleichen oder die Atmung ansehen und spiegeln und und und ...

Es gibt viel auszuprobieren – fang einfach damit an!

5. Positiver innerer Zustand oder „Wie Du jeden Tag Lebensfreude in Dir herstellen kannst"

Welche inneren Zustände helfen Dir, Dein Ziel zu erreichen?

„Innere Zustände" meint all das, was in Dir geschieht. Dazu gehören nicht nur Deine Gefühle, Deine Gedanken und was Du Dir innerlich sagst, sondern auch Deine inneren Bilder. Innere Zustände bestimmen, ob wir gute oder schlechte Tage erleben.

Was kannst Du tun, um ganz leicht einen *schlechten* Tag zu erleben? Schon kurz nach dem Aufwachen der erste Konflikt: Aufstehen oder noch ein bißchen liegenbleiben? Während dieser grundlegende Entscheidungsprozeß noch weiterläuft, kannst Du Dir überlegen, was Dich heute Unangenehmes erwartet und was Du dringend erledigen mußt. Du spürst, daß der Teil in Dir, der liegenbleiben möchte, stärker wird. Du raffst Dich gegen Deinen inneren Widerstand auf, schaust in den Spiegel und sagst Dir: „Verdammt, siehst Du heute wieder alt und schlaff aus." Du fühlst Dich desolat und ahnst, daß dies ein mieser Tag werden wird. Da Du bereits in Zeitdruck bist, frühstückst Du hektisch. Du nimmst Dir jedoch noch dabei die Zeit, die Horror-Nachrichten des Tages im Radio anzuhören. Mit den Gedanken über Krieg, Katastrophen und Zerstörung hastest Du in den Berufsverkehr. In letzter Sekunde erreichst Du Deinen Arbeitsplatz.

Die Arbeitszeit will nicht verstreichen. Gräßliche Kollegen nerven Dich, aber auch freundliche Kollegen gehen Dir auf den Geist. Du denkst Dir: „Sehen die denn nicht, in welcher furchtbaren Welt wir leben?" Bauchschmerzen und Rückenverspannungen begleiten den Tag. Die Zeit wird abgehetzt oder noch schlimmer: abgesessen. Endlich Feierabend. Erschöpft kommst Du zuhause an und setzt Dich in Deinen Fernsehsessel. Du hast keine Energie mehr, Deinen Hobbies nachzugehen. Stunde um Stunde bist Du im Kontakt mit Deinem Fernsehgerät. Andere Kontaktangebote wirken eher lästig. Geschafft und irgendwie leer gehst Du ins Bett. Vorher resümierst

Du alles, was heute schlecht gelaufen ist. Du schließt dann die Augen und denkst noch: „Hoffentlich wird es kein unruhiger Schlaf."

Was für ein Tag! Vielleicht hast Du einiges wiedererkannt, was auch Du machst. Und nun die gute Nachricht:

„Du kannst Deine inneren Zustände selbst ändern!"

Sicherlich hast Du positive innere Zustände in vielen Situationen, in denen es Dir gut ging, bewußt oder unbewußt in Dir hergestellt.

Manchmal hast Du vielleicht Deine Umwelt dazu genutzt, in Dir ein angenehmes Gefühl auszulösen. So kann es sein, daß es Dir im Urlaub besonders leichtfällt, einen angenehmen inneren Zustand zu erleben und Dich zu entspannen – wenn Du z.B. Deine Freunde siehst oder wenn Du Deinen Hobbies nachgehst. Vielleicht ist es auch eine ganz bestimmte Art von Musik, die Dich in angenehme Stimmung versetzen kann. Vielleicht reichen für Dich auch die Erinnerungen an angenehme Erlebnisse aus, um Dich jetzt in eine positive Stimmung zu bringen.

Es gibt so viele unterschiedliche kleine und große Dinge im Leben, die Dich erfreuen und glücklich machen können:
So vielleicht ein Spaziergang durch den Wald
oder das Lachen von Kindern
oder Dein Lieblingslied hören
oder eine zärtliche Umarmung
oder frische Meeresluft schnuppern
oder ein „Sohle" beim Doppelkopf auf der Hand haben
oder ein kurzer Mittagsschlaf
oder mit Freunden Zukunftspläne schmieden
oder fremden Menschen etwas schenken
oder einen spannenden Krimi lesen
oder leckere Lasagne essen
oder barfuß über frisches Gras gehen
oder ein gemeinsames Frühstück im Bett
oder einen klaren Sternenhimmel bewundern
oder mit guten Freunden gemeinsam lachen
oder etwas endlich begriffen haben
oder eine Katze streicheln
oder verliebt rumgackern
oder von einer guten Freundin ins Kino eingeladen zu werden
oder ...

Das sind nur einige Momente des Glücks, die Dich anregen sollen, ein Buch anzulegen, in dem Du all die Sachen aufschreibst, die Dich in einen positiven inneren Zustand bringen. Häufig vergessen wir, wie viele Möglichkeiten es gibt, sich gut zu fühlen. Das „Momente des Glücks-Buch" kann Dich an einige dieser Momente erinnern, wenn Du sie brauchst. Manchmal ist es ganz hilfreich, so ein Buch für „schwarze" Stunden zu haben.

Damit Du siehst, wie viele Möglichkeiten Du bereits hast, schreibe jetzt für Dich auf, was Dich in einen ressourcevollen Zustand bringt und wobei Du Dich gut fühlst:

1. _____
2. _____
3. _____
4. _____
5. _____
6. _____
7. _____
8. _____

Vielen geht es in bestimmten Situationen schon besser, wenn sie nur an einen ihrer „Momente des Glücks" denken.

Die meisten Menschen tun wenig, um bewußt ihren Zustand zu verändern, sie lassen sich eher unbewußt steuern oder sind in ihrem Zustand ausschließlich von den Ereignissen der Umwelt abhängig. Dabei hat jeder einige Möglichkeiten, um sich in einen unterstützenden inneren Zustand zu versetzen. Wir benutzen dabei die gleichen Bestandteile, die uns manchmal auch in einen unangenehmen inneren Zustand bringen.

Doch wenn Du weißt, wie Du auf Deinen inneren Zustand Einfluß nehmen kannst, dann kannst Du Dich auch bewußt dafür entscheiden, wie es Dir gehen soll.

Es gibt im wesentlichen drei Einflußmöglichkeiten:
1. die Veränderung über die Körperhaltung/-bewegung;
2. die Veränderung über unsere Gedanken (das, was und wie wir denken);
3. die Veränderung über die Atmung.

Alle drei Bestandteile ermöglichen Dir, hilfreiche innere Zustände in Dir zu erzeugen. In einem positiven inneren Zustand erreichst Du mehr, da Du wie selbstverständlich Zugang zu Deinen Fähigkeiten hast, die Du in der jeweiligen Situation benötigst.

1. Veränderung von inneren Zuständen über die Körperhaltung

Übung (1.Teil): „Setze Dich auf den vorderen Teil Deines Stuhls. Jetzt lege Deine Arme zwischen Deinen Beinen ab, beuge Deinen Oberkörper leicht nach vorne und ziehe Dein Kinn zur Brust, ziehe Deine Schultern zu den Ohren, atme nur im Brustbereich und kneife Deine Pobacken zusammen. Anschließend denke über Selbstverwirklichung und Selbstentfaltung nach!! ... Na, ist es Dir leicht gefallen?"

In der Regel ist das keine Körperhaltung, um leicht Gedanken über Selbstverwirklichung kommen zu lassen. Und weil das so ist, und Du sicherlich lieber eine Körperhaltung kennenlernen möchtest, mit der es Dir gut geht, machen wir jetzt einen „Separator" (das Lieblingswort einiger NLP-ler).

Ein *Separator* ist die Unterbrechung vorhandener innerer Zustände. Um das Gefühl, das mit der vorherigen Körperhaltung einhergeht, zu unterbrechen, kannst Du jetzt schnell aufstehen, das Buch kurz beiseite legen und Dir etwas Gutes tun (was zu trinken oder zu essen holen, Dich strecken, ...).

Ein Separator ist eine recht praktische Sache. Wenn Du in einer Situation feststeckst und bemerkst, daß es nicht so richtig weitergeht, kann ein Separator gut weiterhelfen. Gerade bei Gesprächen, die schleppend vorangehen, in denen ständig dasselbe wiederholt wird, wie bei einem Sprung in einer Schallplatte, ohne richtig voranzukommen, kann ein Separator Dich darin unterstützen, den inneren Zustand zu unterbrechen und einen neuen, kreativeren inneren Zustand herzustellen.

Ein Separator kann vieles sein: die Pause in einer Besprechung, das Öffnen eines Fensters, ein Recken und Strecken des Körpers, der Gang auf die Toilette; aber auch ein Themawechsel innerhalb eines Gespräches oder ein kräftiges Durchatmen können in bestimmten Situationen ein willkommener Separator sein.

Für viele Menschen ist auch das Rauchen einer Zigarette ein Separator. Viele Drogen werden gerade dazu genutzt, den vorhandenen inneren Zustand zu verändern. Mir erscheint es interessanter, Möglichkeiten zu finden, die eigenen inneren Zustände zu verändern und sie ohne Anregungsmittel frei in sich herzustellen.

Übung (2. Teil): „Setze Dich diesmal bequem auf einen Stuhl und strecke Deine Arme zur Decke. Nun schüttel beide Hände über Deinem Kopf aus und richte Deine Augen zu Deinen Händen. Und während Du die Hände immer weiter schüttelst, denke mal über eine unangenehme Situation der letzten Woche nach."

Wenn Du die Hände weiter bewegst und die Augen *oben* gelassen hast, wird es Dir schwer gefallen sein, das Unangenehme der vergangenen Situation zu *spüren*.

Übung (3. Teil): „Setz Dich nun bequem hin und richte Deine Wirbelsäule auf. Gleiche mit Deinen Pobacken das Gewicht aus, so daß Du bequem und beweglich auf dem Stuhl sitzt. Deine Schultern sind beweglich und Deine Wirbelsäule ist gerade. Du nimmst Deine Hände in die Hüften, und Du richtest Dein Kinn auf. Alles in dieser Körperhaltung ist bequem und beweglich. Nun denke mal darüber nach, wie es wäre, wenn Dich jemand an Deiner Kreativität hindern und Dich unterdrücken möchte."

Diese Übungen sollten Dir zeigen, wie schwierig es sein kann, in bestimmten Körperhaltungen positive oder negative Gedanken zu erzeugen. Es gibt Körperhaltungen, die Du an Dir auch kennst, in denen es Dir leicht fällt, z.B. über Selbstverwirklichung und Ziele nachzudenken. Es gibt aber auch andere Körperhaltungen, die es Dir erleichtern, z.B. über Probleme nachzugrübeln. Es gibt außerdem Körperhaltungen, die zeigen, daß Du Dich den anderen im Gespräch öffnest und daß Du interessiert bist. Und es gibt Körperhaltungen, die Du einnimmst, wenn Du Dich eher abwendest und desinteressiert bist. Je mehr Du über Deine Körperhaltung und die dazugehörigen Gefühle weißt, desto öfter kannst Du diese Körperhaltungen dann bewußt einsetzen, wenn Du einen bestimmten inneren Zustand erzeugen möchtest.

Nicht nur die Körperhaltung, sondern auch die Bewegung des Körpers hängt mit unserem inneren Zustand zusammen. Alle Körper-Übungen zielen darauf ab, den inneren Zustand zu verändern. Und es gibt eine große Auswahl von Übungen für unseren Körper: so z.B. Yoga, Feldenkrais, Tai Chi Chuan, Tanzen, Gymnastik, Aikido, Fitness, Massagen usw. Aber auch alle Sportarten (Schwimmen, Radfahren, Basketball, ...) und sonstigen Aktivitäten (körperliche Arbeit, Sauna, Spaziergänge, Sex, ...), bei denen wir unseren Körper bewegen, verändern unser Körpergefühl und somit unseren inneren Zustand.

Mit diesem Wissen ausgerüstet, kannst Du im Alltag stark durch Deine Körperhaltung und Körperbewegung auf Dein Befinden einwirken. Aus einem vitalen Körpergefühl heraus kannst Du kreative Gedanken entwickeln. Je besser es Deinem Körper geht, desto besser arbeitet Dein Gehirn.

Wenn Dich innere Zustände anderer Menschen interessieren und Du sie für Dich nutzen möchtest, dann schau Dir an, wie sie sich mit ihrem Körper bewegen, welche Körperhaltungen sie einnehmen, welchen Gesichtsausdruck sie haben. Über das Spiegeln der Körperhaltung hast Du eine gute Möglichkeit, die inneren Zustände des anderen zu erfahren und für Dich nutzbar zu machen. Wenn Du ein Gefühl von Selbstsicherheit haben möchtest, dann schaue Dir an, wie sich selbstsichere Menschen bewegen. Dann übernimm die Bewegungen und tu einfach so, als ob auch Du selbstsicher wärst (z.B. aufrechte Körperhaltung, Kinn leicht nach oben, Schultern leicht nach hinten, Blickkontakt usw.). Mit der neuen Körperhaltung verändert sich dann auch Dein Gefühl. Spiele mit unterschiedlichen Körperhaltungen und Gesten, bis Du Zugang zu neuen Gefühlen und Gedanken hast. Dein Körper bietet Dir den direkten Zugang zu Deinen inneren Zuständen.

Und denk dran: Du hast nur diesen einen Körper in diesem Leben – gehe liebevoll und respektvoll mit ihm um.

2. Veränderung innerer Zustände über Deine Gedanken

Paul Watzlawick hat die Auswirkungen von Gedanken auf Gefühle und Kommunikation besonders gut in seiner „Geschichte mit dem Hammer" aufgezeigt (aus: Watzlawick 1983):

„Ein Mann will ein Bild aufhängen. Den Nagel hat er, nicht aber den Hammer. Der Nachbar hat einen. Also beschließt unser Mann, hinüberzugehen und ihn auszuborgen. Doch da kommt ihn ein Zweifel: Was, wenn der Nachbar mir den Hammer nicht leihen will? Gestern schon grüßte er mich nur so flüchtig. Vielleicht war er in Eile. Aber vielleicht war die Eile nur vorgeschützt, und er hat etwas gegen mich. Und was? Ich habe ihm nichts angetan; der bildet sich da etwas ein.

Wenn jemand von mir ein Werkzeug borgen wollte, ich gäbe es ihm sofort. Und warum er nicht? Wie kann man einem Mitmenschen einen so einfachen Gefallen abschlagen? Leute wie dieser Kerl vergiften einem das Leben. Und dann bildet er sich noch ein, ich sei auf ihn angewiesen. Bloß weil er einen Hammer hat. Jetzt reichts mir wirklich. – Und so stürmt er hinüber, läutet, der Nachbar öffnet, doch bevor er »Guten Tag« sagen kann, schreit ihn unser Mann an: »Behalten Sie ihren Hammer, Sie Rüpel!«"

Wer aber – so fragst Du Dich vielleicht – würde sich so verhalten, wie dieser Mann, der sich den Hammer ausborgen möchte?

Wir alle denken jeden Tag. Gedanken sind innere Dialoge, die wir mit uns abhalten, aber auch Vorstellungen und innere Bilder, die wir entwickeln. Du kannst Dir Gedanken machen zu Dir, Deinen Freunden, Deiner Gesundheit, Deiner Welt, Deiner Arbeit, Deiner Partnerschaft, Deinem Leben, Deinen Problemen, Deinen Zielen usw. Du kannst Dir negative Gedanken machen, die z.B. um Angst, Ärger, Haß, Pessimismus kreisen. Du kannst Dir auch positive Gedanken machen, die z.B. von Liebe, vom Erreichen Deiner Ziele, von Vertrauen und Lebensfreude handeln. Oder aber Du bist z.B. „gedankenlos".

Das „*Was* Du denkst" bestimmt Deinen inneren Zustand. Gedanken und Gefühle hängen eng miteinander zusammen.

Es ist nicht erst durch Boris Becker bekannt, daß etwa ein Tennis-Match nicht nur durch die Beschaffenheit des Platzes und des Balles, die Stimmung des Schiedsrichters und das, was man vorher gegessen und getrunken hat, bestimmt wird, sondern auch von „mentalen Prozessen" abhängt. Schon die Methoden der „bewußten Autosuggestion" nach Emil Coué (1857 – 1926) machten sich die Prinzipien der Selbstbeeinflussung zur positiven Lebensgestaltung zunutze. Das, was Du denkst und glaubst, hat Auswirkungen z.B. auf Deinen Gesundheitszustand, Deine innere Haltung, Dein Gefühl und Dein Kommunikationsverhalten.

Der Mann mit dem Hammer hat seine Gedanken um Mißtrauen, Zweifel und Ärger kreisen lassen. Wie wäre die Geschichte verlaufen, hätte der Mann als erstes gedacht: „Hoffentlich ist mein Nachbar zu Hause! Er hat bestimmt einen Hammer, den er mir leihen kann. Er grüßte mich gestern freundlich. So als ob er ein nettes nachbarschaftliches Verhältnis aufbauen wolle. Schön, daß es Menschen gibt, die auf gute Beziehungen Wert legen …".

Du kannst auch bei anderen neue Gedanken und dadurch andere innere Zustände kreieren, indem Du Fragen stellst, die dem anderen eine neue Denkrichtung geben. Das habe ich einmal auf verblüffende Art bei einer Freundin beobachtet: Ein kleines Kind stand lauthals brüllend am Straßenrand: „Maaaama, Maaaama!!!" Elke, die Freundin, beugte sich zu dem Kind hinunter und fragte: „Wo ist Dein Papa?" Das Kind hörte sofort zu weinen auf und dachte möglicherweise über den Aufenthalt des Vaters nach. Fragen lenken Gedanken. Wer fragt, der führt. Jede Frage dürstet nach einer Antwort. Deshalb sind Fragen ein hervorragendes Mittel, um Gedanken und damit innere Zustände bei Dir und anderen zu kreieren.

Aber nicht nur das, *was* Du denkst, sondern auch, *wie* Du denkst, beeinflußt Dich. Denkst Du z.B. auditiv oder visuell? Wenn Du zu Dir sprichst, sprichst Du laut oder leise, hoch oder tief, schnell oder langsam, klar oder verworren? Wenn Du innerlich Bilder siehst, sind diese eher hell oder dunkel, groß oder klein, farbig oder schwarzweiß, scharf oder unscharf, bewegen sich die Bilder oder nicht? Gedanken an sich sind unspezifisch. Ein Gedanke kann gehört oder gesehen werden und löst dann ein Gefühl aus. In welchem Repräsentationssystem denken wir also? Und wie genau sehen oder hören wir unsere Gedanken?

Vor uns eröffnet sich das riesige Gebiet der *Submodalitäten* (Untereigenschaften). Im NLP sind Submodalitäten die kleinsten Bausteine unserer Gedanken. Sie beschreiben das „Wie" des Erlebens und Denkens.

Wenn wir wissen, wie wir denken, können wir Einfluß darauf nehmen.

Übung (1. Teil): Nimm Dir jetzt einen Augenblick Zeit und erinnere Dich an eine Situation, in der Du Dich in einem *besonders positiven* inneren Zustand befunden hast. Stell Dir die Situation möglichst mit all den Farben und Formen vor. Laß all das vor Deinem inneren Auge erscheinen, was Du damals erlebt hast. Sei in Gedanken ganz in dieser Situation. Was hast Du gesehen? Ist es eher ein feststehendes Bild oder ein Film mit Bewegungen? Ist das, was Du siehst, eher hell oder dunkel, eher groß oder klein, eher nah oder weit weg? Welche Farben sind da und wie klar ist es? Siehst Du Dich selbst in dem Bild (dissoziiert sein = es selbst von außen beobachten) oder schaust Du aus Deinen Augen heraus die Situation an (assoziiert sein = aus der eigenen Person heraus erleben)?

Und welche Töne, Stimmen, Geräusche gehören zu dieser Situation? Ist es eher laut oder leise, hörst Du eher hohe oder tiefe Töne? Achte auf die Entfernung, das Tempo und die Art Deiner Tonquellen. Kommt das, was Du hörst, von außen (external) oder aus Dir heraus (internal, z.B. innere Stimme)? Bist Du dabei assoziiert oder dissoziiert?

Und dann laß das Gefühl zu dieser angenehmen Situation kommen. Was spürst Du in dieser Situation? Ist es ein Gefühl im gesamten Körper oder nur in bestimmten Körperteilen? Fühlt es sich eher hart oder weich, eher warm oder kalt an? Welche Intensität und Bewegung ist da? Wie lange ist dieses Gefühl da, wenn Du Dich noch einmal ganz in diese angenehme Situation versetzt?

Laß Dich von der nachfolgenden Liste anregen, die Untereigenschaften Deiner Erfahrung herauszufinden. Wenn Du bei einigen Untereigenschaften nicht gleich eindeutig sagen kannst, was es ist, überprüfe es kurz noch einmal, indem Du Dich an Deine Situation erinnerst. Untereigenschaften, die Dir nicht klar sind, laß einfach weg. Die Untereigenschaften, die Dir bewußt sind, kreuze an.

Ziel der Übung ist, möglichst viele Informationen darüber zu erhalten, wie Du denkst.

Untereigenschaften der angenehmen Situation

Visuelle Untereigenschaften:

Bewegung	o Bild	o Film
Helligkeit	o hell	o dunkel
Größe	o groß	o klein
Entfernung	o nah	o weit weg
Farbe	o farbig	o schwarz/weiß
Klarheit	o verschwommen	o klar
Eigene Position	o assoziiert	o dissoziiert

Auditive Untereigenschaften:

Lautstärke	o laut	o leise
Tonhöhe	o hoch	o tief
Entfernung	o nah	o weit weg
Tempo	o schnell	o langsam
Art der Tonquelle	o internal	o external
Eigene Position	o assoziiert	o dissoziiert

Kinästhetische Untereigenschaften:

Position	o Teil im Körper	o ganzer Körper
Druck	o hart	o weich

Temperatur	o warm	o kalt
Intensität	o stark	o schwach
Bewegung	o fließend	o ruhend
Dauer	o lange Zeit	o kurze Zeit

Übung (2. Teil): Denke jetzt an eine Situation, die Du als negativ empfunden hast und die für Dich *unangenehm* war. Erinnere Dich an dieses unangenehme Ereignis möglichst umfassend. Während Du die unangenehme Situation für Dich sehr deutlich erinnerst, achte auch hier darauf, was und wie Du siehst, hörst und fühlst (wie im 1. Teil).

Nutze die nachfolgende Liste, um Dir über die Untereigenschaften der unangehmen Situation klar zu werden. Kreuze die entsprechenden Untereigenschaften an. Nimm Dir die Zeit, die Du benötigst – es lohnt sich.

Untereigenschaften der unangenehmen Situation

Visuelle Untereigenschaften:

Bewegung	o Bild	o Film
Helligkeit	o hell	o dunkel
Größe	o groß	o klein
Entfernung	o nah	o weit weg
Farbe	o farbig	o schwarz/weiß
Klarheit	o verschwommen	o klar
Eigene Position	o assoziiert	o dissoziiert

Auditive Untereigenschaften:

Lautstärke	o laut	o leise
Tonhöhe	o hoch	o tief
Entfernung	o nah	o weit weg
Tempo	o schnell	o langsam
Art der Tonquelle	o internal	o external
Eigene Position	o assoziiert	o dissoziiert

Kinästhetische Untereigenschaften:

Position	o Teil im Körper	o ganzer Körper
Druck	o hart	o weich
Temperatur	o warm	o kalt
Intensität	o stark	o schwach
Bewegung	o fließend	o ruhend
Dauer	o lange Zeit	o kurze Zeit

Du hast nun die Untereigenschaften einer angenehmen und einer unangenehmen Situation für Dich herausgearbeitet. Was kannst Du nun damit anfangen?

Mit Hilfe der Änderung der Untereigenschaften kannst Du positive Gefühle verstärken und negativen Gefühlen ihre Macht nehmen (Anm.: Für Leute, die ihr Leben ärmer gestalten wollen, geht es natürlich auch umgekehrt).

Hast Du jemals daran gedacht, Deine inneren Bilder bewußt umzugestalten? Ist Dir schon mal die Idee gekommen, Deine inneren Töne und Geräusche bewußt zu verändern?

Die inneren Bilder und Töne beeinflussen unser Gefühl und somit unseren inneren Zustand. Wenn wir unsere inneren Bilder und Töne verändern können, verändern wir auch unsere Empfindungen dazu.

Übung (3. Teil):
a) Wie Du positive Gefühle verstärken kannst:
Erinnere Dich noch einmal an die angenehme Situation und suche Dir angenehme visuelle Untereigenschaften heraus, die für dieses Ereignis wichtig sind (z.B. Helligkeit und Größe). Dann intensiviere nacheinander diese Untereigenschaften und laß sie stärker werden. Laß das innere Bild z.B. allmählich heller und etwas größer werden. Wie verändert sich Dein Gefühl? Du kannst auch mit den anderen Untereigenschaften experimentieren. Was passiert, wenn Du die Farben intensiver werden läßt, wenn das Bild näher an Dich herankommt, wenn es klarer wird? In der Regel intensiviert sich dabei auch das angenehme Gefühl.

Du kannst Deine inneren Bilder so gestalten, wie Du es möchtest. Du bist der Kameramann, der Beleuchter, der Tontechniker und der Regisseur Deiner inneren Filme.

Teste auch die auditiven Untereigenschaften. Laß die angenehmen Untereigenschaften der Stimmen, Töne oder Geräusche allmählich etwas intensiver werden. Probiere aus, was passiert, wenn Du es z.B. etwas lauter oder tiefer werden läßt.

Nicht alle Untereigenschaften intensivieren Dein Gefühl. Experimentiere damit und sei neugierig, welche Untereigenschaften das Gefühl dieser angenehmen Situation bei Dir verstärken und schreibe sie für Dich auf:

Untereigenschaften, die Dein Gefühl verstärken:
1. _____
2. _____
3. _____

b) Wie Du negative Gefühle entmachten kannst:
Denke noch einmal an die Situation, die für Dich unangenehm war und die ein negatives Gefühl in Dir auslöst. Entscheide Dich für die Untereigenschaften, die Du besonders deutlich herausgearbeitet hast (siehe Liste).

Verändere dann diese Untereigenschaften so, daß sich Dein Gefühl zu diesem Bild/Tonfilm positiv verändert. Achte darauf, was passiert, wenn Du das Bild weiter wegschiebst oder es einfach kleiner werden läßt. Probiere aus, wie Du Dich fühlst, wenn das Bild schwarz/weiß, verschwommen und dunkel ist. Verändere auch die Stimmen und Geräusche. Laß sie leiser werden und von weit weg entstehen. Was passiert, wenn die Stimmen ganz schnell und hoch werden, wie wenn man eine Kassette mit doppelter Geschwindigkeit abspielt? Wie verändert sich dann Dein Gefühl? Spiele mit den Untereigenschaften so lange, bis Du die gefunden hast, die für Dich wichtig sind, und schreibe sie dann auf.

Untereigenschaften, die Dein Gefühl entmachten:
1. _____
2. _____
3. _____

Das Entscheidende bei dem Spiel mit den Untereigenschaften ist, daß Du Einfluß auf Deine inneren Zustände nimmst. Vielleicht hast Du herausgefunden, daß die Veränderung einiger Untereigenschaften keine Auswirkungen auf Dein Gefühl hat. Auch das gibt es. Andere Untereigenschaften bewirken dagegen schon bei geringer Veränderung eine starke Intensivierung oder aber Abschwächung der Gefühle. Für viele Menschen wirkt ein Gedanke an vergangene Erlebnisse am intensivsten, wenn er hell, groß, nah, farbig, klar und assoziiert ist. Eine schwächere Wirkung hat ein Gedanke für die meisten Menschen, wenn er dunkel, weit weg, schwarz/weiß, verschwommen und dissoziiert ist. Wie gesagt, für „viele" oder die „meisten". Sei neugierig, wie und was es für Dich ist.

Mache eigene Erfahrungen mit der Veränderung von Untereigenschaften. Wenn Du Dich etwa innerlich sagen hörst: „Ich bin nicht gut genug", dann beginne bewußt, die Stimme zu verändern. Laß sie leiser werden, höher oder schneller, schiebe sie weiter weg oder laß sie z.B. als Entengequake entstehen – bis Du die nörgelnde Stimme entkräftet hast und sich Dein Gefühl dazu verändert hat.

Mit der Veränderung von Untereigenschaften bestimmst Du die Qualität Deines inneren Kino-Programms. Du bestimmst, ob Du Zuschauer (dissoziiert) oder Mitspielender (assoziiert) bist, ob Dein Film hell, farbig und groß oder dunkel, schwarz/weiß und klein ist.

Jetzt kennst Du eine einfache Möglichkeit, innere Zustände bewußt zu beeinflussen und damit Dein Leben zu bereichern. Es gibt viel zu entdecken.

3. Veränderung innerer Zustände über Deine Atmung

Die Atmung ist ein lebensnotwendiger Versorgungsprozeß. Durch die Atmung nehmen wir Sauerstoff in den Körper auf und geben Kohlensäure (und Wasserdampf) aus dem Körper ab. Das Ein- und Ausatmen begleitet uns unser gesamtes Leben. Der Mensch atmet ungefähr 14 – 22mal in der Minute. Im Schlaf etwas weniger (10 – 18mal). Hochgerechnet ergibt das ca. 900mal in der Stunde, ca. 21 600 mal am Tag, ca. 7 884 000mal im Jahr usw. Wenn wir nicht mehr atmen, sind wir tot.

Wenn man etwas so häufig in seinem Leben tut, sollte man meinen, daß wir es besonders gut können. Aber das stimmt für viele Menschen nicht. Vielleicht schenken wir unserer Atmung im Alltag deshalb so wenig Aufmerksamkeit, weil wir sie als selbstverständlich hinnehmen. Es gibt jedoch wesentliche Auswirkungen auf unsere innere Befindlichkeit durch die Art und Weise, wie wir atmen.

Sicher ist es Dir aufgefallen, daß Du in unterschiedlichen Situationen auch unterschiedlich atmest. Wenn Du z.B. sehr aufgeregt bist, atmest Du anders, als wenn Du Dich ganz entspannt und locker fühlst. Manche Menschen atmen schnell im Brustbereich, wenn Sie sich unsicher fühlen und atmen langsam im Bauchbereich, wenn Sie sich sicher fühlen.

Es ist gut, jeden Tag eine kleine Übung zu machen, die Dich an eine tiefe, entspannte Atmung erinnert, so daß Du sie im Laufe des Tages auch zur Verfügung hast.

Übung: Setze Dich aufrecht hin, und lege die linke Hand auf den unteren Bauchraum, die rechte Hand auf die linke. Atme dann in den unteren Bauchraum hinein. Laß den Atem kommen und wieder gehen und warte, bis er von selbst wiederkommen möchte. Sammle Deine Achtsamkeit in Deinem unteren Atemraum. Überlaß es Deinem Körper, den richtigen Rhythmus für Dich zu finden. Sei aufmerksam, wann und wie Dein Atem fließen möchte.

Während der Atem-Übung kannst Du Dir nun vorstellen, daß Du mit jedem Einatmen die Energie bekommst, die Dir gut tut und Dich bereichert und mit jedem Ausatmen die Energie ausströmen läßt, die Dich nicht unterstützt. Oft reichen 2 – 10 Minuten aus, um das Wohlbefinden zu steigern.

Damit Dir diese Übung im Alltag nützlich ist, solltest Du sie regelmäßig machen. Wenn Du dann vor oder in einer Situation bist, in der Du merkst, daß Du noch nicht den Zustand hast, den Du in der Situation benötigst, dann beginne mit Deiner Atem-Übung. Wenn Du die Hände nicht auflegst, sieht es ja auch keiner, Du spürst aber die Veränderung Deines inneren Zustandes.

Probiere es aus!

„Er macht erstmal seine Atem-Übung"

Innere Zustände und Ziele

All diese Möglichkeiten sind als Werkzeuge zu betrachten, die Du anwenden kannst, wenn Du es gebrauchen kannst. Die Kenntnis von diesen Werkzeugen verpflichtet natürlich nicht, sich immer in einen positiven inneren Zustand zu versetzen, immer „happy" zu sein. Aber wenn Du Dich für einen inneren Zustand entscheidest, kannst Du mit diesen Werkzeugen bewußt etwas dazu beitragen. Jeder hat die Freiheit, sich zu entscheiden, welche inneren Zuständen er in sich herstellt und wie er es macht.

Wenn Du weißt, welche inneren Zustände Du gebrauchen kannst, um Dein Ziel zu erreichen, dann hast Du jetzt auch einige Möglichkeiten, sie jeden Tag ein bißchen mehr in Dir herzustellen.

Den meisten Menschen fällt es leichter, mit einem positiven inneren Zustand Ideen, Phantasien, Kreativität und Fähigkeiten fließen zu lassen. Jede kleine Übung, jeder Gedanke, jede Bewegung, die Dich in einen ressourcevollen Zustand bringt, ist ein Schritt weiter in die Richtung, in die Du in Deinem Leben gehen möchtest.

Innere Zustände wollen immer wieder neu hergestellt werden. Es ist nicht so, daß Du nur einmal z.B. Sicherheit, Vertrauen oder Klarheit in Dir herstellst, und das reicht dann für den Rest des Lebens. So ist es leider (oder vielleicht Gott sei Dank) nicht. Du hast die Fähigkeit, diese Zustände zu erleben, immer in Dir, jedoch bist Du nicht immer selbstsicher, vertrauensvoll und klar.

Das Leben bietet genügend Möglichkeiten, in denen ein gewünschter innerer Zustand in einer bestimmten Situation noch nicht vorhanden ist. Es kann sich um mehr Leichtigkeit, Freude, Entspannung, Kreativität, Klarheit, Liebe, Entschlossenheit, Sicherheit, Offenheit etc. handeln.

Überprüfe in den Situationen, in denen Du noch nicht den gewünschten inneren Zustand hast, wie Du Dich bewegst, wie Deine Körperhaltung ist, wie Du atmest und was und wie Du denkst. Das Wahrnehmen und Respektieren Deines inneren Zustandes ist der erste Schritt. Du kannst überprüfen, welche positive Absicht hinter diesem Verhalten steckt, ob dieses Verhalten noch zeitgemäß ist und was an diesem Verhalten nützlich war oder ist.

Dann denke an eine Situation, in der Du die gewünschten Ressourcen bereits erfahren hast. Wie bewegst Du Dich, wenn Du z.B. Leichtigkeit in Dir spürst. Wie atmest Du, wenn Du dem Leben mit Leichtigkeit begegnest. Wie und was denkst Du, wenn Du Dich leicht und locker fühlst. Übertrage Deine Erkenntnisse dann auf die Situationen, in denen Du die Ressourcen in Zukunft zur Verfügung haben möchtest. Verändere dazu in zukünftigen Situationen vielleicht Deinen inneren Zustand durch Deine Körperhaltung/-bewegung, Deine Atmung oder Deine Gedanken.

Es macht einen Unterschied, ob Du eine Arbeit mit dem Gedanken: „Es wird schwer und langweilig – es muß gemacht werden." beginnst oder mit: „Ich tue es schnell und leicht – danach belohne ich mich." Es macht auch einen Unterschied, ob Du die Arbeit in einem großem erdrückenden Bild oder als ein kleines übersichtliches Bild vor Dir siehst.

Gerade wenn Du Dich hinsetzt und Ziele für Dich formulierst, achte auf Deinen inneren Zustand. Sonst kommt nichts Vernünftiges dabei heraus. Aus einem deprimierten Gefühl heraus lassen sich zwar auch Ziele formulieren, die Qualität derselben läßt jedoch meist zu wünschen übrig. Bringe Dich, bevor Du über Ziele in Deinem Leben nachdenkst, in einen für Dich positiven inneren Zustand. Dann wird es Dir leicht fallen, kreativ, mit Lust und Spaß Ziele zu entwickeln, darüber nachzudenken und sie zu formulieren.

Wie kann also ein Tag aussehen, an dem Du Deine Ressourcen nutzt und Deinen inneren Zustand bewußt positiv herstellst? Was kannst Du also tun, um einen *schönen* Tag zu erleben?

Du wachst auf, und als erstes stellst Du ein Gefühl von Dankbarkeit her, indem Du Dir verdeutlichst, daß Dir wieder ein ganzer Tag zur Verfügung steht, um Dein Leben so zu gestalten, wie Du es möchtest. Du stimmst Dich gemütlich auf den Tag ein, indem Du Dir die „Fragen für den Tag" stellst (s. S. 56) oder meditierst. Dann öffnest Du die Fenster Deiner Wohnung und atmest die frische Morgenluft. Du gehst ins Bad, begrüßt Dich mit einem Lächeln und sagst Dir innerlich: „Guten Morgen" und: „Schön, daß es Dich gibt." Für das Frühstück nimmst Du Dir Zeit und ißt, was Deinem Körper gut tut. Auf dem Weg zur Arbeit machst Du Ziele für den Tag. In welcher Reihenfolge möchtest Du welche Aufgaben erledigen? Du läßt Dir Zeit für Dich und achtest auf Deine Bedürfnisse. Den Kollegen und Menschen, denen Du begegnest, lächelst Du freundlich zu. Das Lächeln wird erwidert – Kontakt entsteht. Wenn der Arbeitstag vorbei ist, gehst Du ein paar Schritte spazieren und läßt den Arbeitstag ausklingen. Nach so einem Tag hast Du genug Lust auf Deine Hobbies und freust Dich auf Deine Freunde. Abends dann läßt Du den Tag noch einmal wie in einem Tonfilm ablaufen und schaust Dir an, was an diesem Tag alles gut gelaufen ist, erinnerst Dich an die schönen Momente und bedankst Dich dafür. Mit einer Zielvorstellung von Dir und dem, was Du in Zukunft erreichen möchtest, schließt Du die Augen und gibst Dich dem Schlaf hin.

Du kannst wählen und Dich dann bewußt für bestimmte Wahrnehmungs-, Denk- und Verhaltensmuster entscheiden. Du kannst Deinen Körper, Deine Gedanken und Deine Atmung für das einsetzen, was Du mehr erleben möchtest. Vielleicht ist es Lebensfreude, Spaß, Leichtigkeit, Lebendigkeit oder aber z.B. Ausgeglichenheit, Ruhe, Harmonie usw.

Es ist nicht immer so, daß Du diese Tage so erlebst, wie Du möchtest – aber vielleicht immer öfter.

Der heiße Tip: „Ankere" Deine Ressourcen, damit Du sie jederzeit parat hast!

Wäre es nicht schön, wenn Du Deine Ressourcen jederzeit abrufen könntest und verfügbar hättest, gerade in Situationen, in denen Du sie benötigst?

Du ahnst vielleicht, daß der „Anker" in diesem Zusammenhang wenig mit der Schifffahrt zu tun hat. Wenn im NLP von „Ankern" gesprochen wird, sind damit äußere Reize gemeint, die bestimmte innere Reaktionen auslösen. Die Bilder von Deinem letzten Urlaub lassen z.B. wieder ein bißchen Urlaubsstimmung aufkommen. Der Geruch eines bestimmten Parfums kann Dich sofort an angenehme oder unangenehme Situationen oder Personen erinnern. Wenn Dein Name in einer ganz bestimmten Art und Weise ausgesprochen wird, kann es Dich z.B. an Deine Eltern erinnern. Vielleicht ist es auch eine spezielle Art der Berührung, die Dich an den Kontakt zu jemandem erinnert. Wir erzeugen nach einem Reiz wie selbstverständlich eine Erinnerung und ein Gefühl. Manche Anker sind stark wirksam und lösen intensive Gefühle aus. Andere Anker sind in ihrer gefühlsmäßigen Wirkung eher schwach und unbedeutend.

Wie kannst Du nun bewußt einen stark wirksamen Anker für Deine Ressourcen schaffen?

1. Als erstes ist es sinnvoll, daß Du Dir darüber klar wirst, welche Ressourcen Du in zukünftigen Situationen gebrauchen kannst oder was Dich bei der Erreichung eines Zieles unterstützt. Das können emotionale Zustände wie Sicherheit, Vertrauen, Mut, Leichtigkeit, Humor, Klarheit, Kreativität usw. sein.

2. Finde dann einen Anker, bei dem Du die Ressource zur Verfügung haben möchtest. Suche Dir dazu eine bestimmte Geste oder Berührung aus. Die Gesten und Berührungen sollten in der Praxis auch durchführbar sein. Die Berührung Deines kleinen Zehes als Anker kann Dir in vielen Gesprächssituationen vielleicht die gewünschte Ressource bringen – Deine Gesprächspartner jedoch dazu verleiten, anzunehmen, daß Du Dich eher mit Deinen Füßen als mit Ihnen beschäftigst. Auch das Ballen einer Faust kann in einigen Kommunikationssituationen zu Mißverständnissen führen. Die Berührungen sollten deshalb diskret und gesellschaftlich akzeptabel sein. Du kannst z.B. Deine Armbanduhr berühren, Daumen und Zeigefinger aneinander reiben, an Deinem Ehering drehen, die Fingerkuppe des kleinen Fingers berühren, die Handflächen aneinanderlegen usw.

3. Erinnere Dich dann an eine Situation in Deinem Leben, wo Du die ausgewählte Ressource bereits sehr intensiv erfahren hast. Laß die Vorstellung klarer werden, mit

all dem, was Du in dieser Situation erlebt hast. Was alles gehörte dazu? Was siehst und hörst Du? Wie ist Dein Gefühl in dieser Situation? Erlebe diese Situation so vollständig und intensiv wie möglich mit all Deinen Sinnen.

4. Wenn Du die Ressource sehr intensiv in Dir spürst, dann löse Deinen Anker aus und verbinde damit den Ressourcezustand mit der Berührung oder der Geste. Löse den Anker nur aus, wenn das Gefühl sehr angenehm und stark in Dir präsent ist. Wiederhole das einige Male, so daß Du wie selbstverständlich beim Auslösen des Ankers den emotionalen Zustand erfährst, den Du haben möchtest.

In zukünftigen Situationen kannst Du Dich dann mit der Berührung oder Geste an Deinen ressourcevollen Zustand erinnern und ihn erfahren. Stell Dir schon mal vor, wann und wo genau Du Deinen Anker einsetzen wirst. Sei Dir bewußt, daß nur Du weißt, was Du in diesem Augenblick tust.

„Ergänzend zu einer Berührung oder Geste (kinästhetischer Anker) kannst Du später auch ein innerlich gesprochenes Wort oder einen Satz (auditiver Anker) oder ein inneres Symbol oder Bild (visueller Anker) als Auslöser hinzunehmen. Es soll ja Leute geben, die sich auf jeden Finger eine Ressource mit dem dazugehörigen Bild und einem innerlich gesprochenen Satz geankert haben.

Übrigens: Auch Anker wollen gepflegt werden. Durch häufige Verbindung Deines positiven Zustandes mit dem Anker verstärkt sich diese Ressource und wird dadurch für Dich jederzeit abrufbar.

Du kannst auch bewußt bei anderen Menschen Anker setzen und auslösen. Häufig passiert das unbewußt in der Kommunikation. Anker können auch hier bestimmte Stimmlagen und Betonungen, Gesten und Berührungen sein, die dann entsprechende Gefühle beim Gesprächspartner auslösen.

Beim Ankern ist es sinnvoll, sich bewußt zu sein, daß Menschen keine Roboter sind, die auf Knopfdruck reagieren. Das Wissen um Anker verpflichtet Dich nicht zum ununterbrochenen „Happy"-Sein. Es gibt auch Zeiten der Trauer, Angst, Wut usw., die ihre Berechtigung haben und auch erlebt werden wollen.

Anker geben Dir die Möglichkeit, einen ressourcevollen Zustand in Dir herzustellen, wenn Du es gebrauchen kannst. Du mußt Dich nicht in einen positiven Zustand bringen, aber Du kannst, wenn Du willst. Wenn Du bewußt Zustände in Dir herstellst, gehe respektvoll und liebevoll mit Dir um.

Sei Dir selbst ein guter Freund.

6. Heiße Tips für Einsteiger oder „Was sich noch zu wissen lohnt"

Jetzt kennst Du die wichtigsten Bausteine des NLP und hast sie vielleicht auch schon ausprobiert. Ohne die Fähigkeiten, Ziele zu erarbeiten, genau wahrzunehmen, Rapport herzustellen und sich in einen positiven inneren Zustand zu bringen, stehen alle anderen Techniken des NLP auf wackligen Beinen. Diese *vier Grundfertigkeiten* bilden also die Basis jeglicher Arbeit mit NLP. Je sicherer, flexibler und selbstverständlicher Du diese Fertigkeiten einsetzt, desto erfolgreicher kannst Du mit anderen Interventionen des NLP arbeiten.

Diese Grundfertigkeiten sind nicht durch „einmal Üben" erlangt, sondern wollen immer wieder neu ausprobiert und geübt werden. Das Leben bietet Dir genügend Möglichkeiten, z.B. Rapport zu anderen Menschen herzustellen, Deine Wahrnehmung in Gesprächen zu schulen, Dich in einen guten Zustand zu bringen, wenn Du ihn gerade gebrauchen kannst oder Dir kleine oder große Ziele zu setzen. Ich kann nur hoffen, daß es Dir Spaß machen wird, diese Grundfertigkeiten in Deinem Beruf, Deiner Familie, Deiner Umwelt und Deinen persönlichen Beziehungen spielerisch umzusetzen und weiterzuentwickeln.

Die Grundannahmen des NLP aus dem Kapitel 1 stellen das Fundament für diese vier Fertigkeiten und alle anderen NLP-Techniken dar. Auch hier kann ich Dich nur ermuntern, sie auf ihre praktische Nutzbarkeit hin zu überprüfen und sie mehr und mehr in Dein Leben zu übernehmen. Es sind innere Haltungen, die ihren Ausdruck in Respekt und Liebe finden, die den Rahmen für jegliche Beziehungen, sei es zu Dir, anderen Menschen oder der Natur bilden können.

Die vier Säulen des NLP

Damit Du eine Idee davon bekommst, was es im NLP noch so alles gibt, gebe ich Dir einen kurzen Einblick in weitere NLP-Bereiche:

So gibt es z.B. Modelle, die unsere Sprachmuster beschreiben und uns die Möglichkeit geben, die Kunst des Fragens zu entwickeln und unsere Sprache bewußt anzuwenden, um damit möglichst genaue Informationen von unseren Gesprächspartnern zu gewinnen und damit „die innere Landkarte" des anderen kennenzulernen (Meta-Modell).

Du kannst auch lernen, mit der Sprache so zu zaubern, daß jeder sich angesprochen fühlen kann und Kommunikation mit dem Unbewußten möglich ist (Milton-Modell).

Außerdem gibt es Techniken, mit denen man neue Verhaltensmöglichkeiten für sich finden kann (Reframing).

Es gibt die Möglichkeit, wünschenswerte Verhaltensweisen von erfolgreichen Menschen „abzuschauen" und sie für Dich zu nutzen (Modellieren) und auch Vorgehensweisen, um z.B. Kreativität und Erfolg von Dir und anderen zu erkennen und zu optimieren (Strategien).

Es gibt Spiele, die Dir helfen, Deine Fähigkeiten kreativ zu erweitern und für zukünftige Situationen zu sichern (Future-pace). Mit „Spielen" kannst Du auch üben, wünschenswerte innere Zustände in Dir zu verstärken (Moment of Excellence).

Du kannst innerhalb des NLP Vorgehensweisen kennenlernen, um belastende Erinnerungen auszusöhnen und die daran gebundene Energie wieder für das Jetzt zu nutzen (History-Change) oder um persönliche Blockaden zu erkennen und gezielt zu verändern (Re-Imprinting).

Es gibt Übungen, mit denen Du mehr Klarheit darüber erhältst, was Dir in Deinem Leben wichtig ist und welche lebensbejahenden Werte Du entwickeln und integrieren möchtest (Höchste Werte).

Das NLP hat Schritte entwickelt, um Deine eigenen Glaubenssätze erkennen, nutzen und erweitern zu können (Beliefsysteme) und eine Vielzahl an Übungen, um innere Zustände verändern und kreieren zu können.

Das NLP bietet natürlich noch viele weitere Übungen, Spiele und Techniken an, die Dir einige interessante Einsichten und „Aha"-Erlebnisse ermöglichen. Vielleicht bist Du schon ein bißchen neugierig auf mehr geworden.

Die Anwendungsbereiche

Das NLP ist ein Modell für erfolgreiche zwischenmenschliche Kommunikation. Es kann Menschen darin unterstützen, ihr eigenes Potential zu entfalten und persönliche Fähigkeiten weiterzuentwickeln. Es erscheint plausibel, daß ein solches Modell in verschiedenen Gebieten seine Anwendung findet. Die nachfolgende Aufzählung soll Dir einen Überblick über unterschiedliche Anwendungsbereiche des NLP geben.

Pädagogik

Stell Dir vor, Dir wäre damals in der Schule beigebracht worden, wie Du am besten lernen kannst. Nicht das „Was" hätte im Vordergrund gestanden, sondern das „Wie". Wahrscheinlich wäre das für Dich damals eine große Erleichterung gewesen, wenn man Dich Strategien gelehrt hätte, mit denen Du leicht, schnell und mit Spaß lernen kannst. Darin liegt die Anwendung des NLP im pädagogischen Bereich.

Zu den Grundlagen einer guten Lehrer-Schüler-Beziehung gehört, daß Lehrer mit ihren Schülern Rapport aufnehmen und halten können.

Mit NLP erfahren wir viel über innere Lernprozesse. Wir wissen, daß es unterschiedliche Lernstrategien gibt. Die Ausgangsfragen lauten hier:
→ Was tun Schüler, die z.B. gute Ergebnisse in Rechtschreibung erlangen?
→ Was tun Schüler, die schlechte Ergebnisse in Rechtschreibung erbringen?
→ Wie kann man den weniger erfolgreichen Rechtschreibern die Strategien der erfolgreichen Rechtschreiber beibringen?

Um bei dem Beispiel zu bleiben: Gute Rechtschreiber visualisieren das Wort, das sie schreiben sollen und überprüfen es an ihrem Gefühl, ob es richtig ist. Rechtschreiber, die viele Fehler machen, schreiben häufig das auf, was sie hören (unt das kan in der deutschen Schprache oft zu Felern füren).

Das NLP hat Techniken entworfen, wie neue Lernstrategien für den Lernenden entwickelt und nutzbar gemacht werden können. Außerdem ist die Kenntnis der unterschiedlichen Wahrnehmungstypen von großem Interesse für Lehrer. Wenn Lehrer das bevorzugte Repräsentationssystem ihrer Schüler kennen, können sie sich darauf einstellen und den Inhalt auf eine leichte Art vermitteln. Der eine Schüler kann sich den Lehrstoff z.B. gut vorstellen und sieht alles vor sich, ein anderer hört genau hin und merkt sich jedes Wort, während ein dritter gerade durch das Tun, Anfassen und Machen ein Gefühl dazu entwickelt.

Auch für das Herstellen unterschiedlicher Lernzustände, wie z.B. Neugierde, Spaß, Entspannung bietet NLP zahlreiche Übungen an. Viele Lehrer nutzen die NLP-Ausbildung auch, um sich selbst in einen ressourcevollen Zustand bringen zu können.

In der heutigen Zeit, in der „lebenslanges Lernen" zu einem wichtigen Wert geworden ist, findet das Wissen um effektive Lernstrategien Anwendungsbereiche und Möglichkeiten in der Schule, in Ausbildungsstätten, in der Universität, der Erwachsenenbildung, der Bildungsarbeit in Wirtschaft und Verwaltung, der Erziehungsberatung und in all den Bereichen, in denen es nützlich ist, zu lernen oder zu lehren, wie man mit Leichtigkeit und Freude lernen oder lehren kann.

Management

Zahlreiche Untersuchungen bestätigen, daß mündliche Kommunikation eine der Hauptaufgaben von Führungskräften ist (sie nimmt zwischen 50% und 90% der Gesamtarbeitszeit in Anspruch – je nach Hierarchieebene und Unternehmensgröße

(Wahren 1987)). Führungskräfte sind der Dreh- und Angelpunkt in einem Unternehmen. Sie sind dafür verantwortlich, daß die Kommunikation zwischen den einzelnen Ebenen (zum Chef und zu den Mitarbeitern) und im Team funktioniert. Mit Hilfe von Kommunikation führen sie ihre Mitarbeiter und motivieren sie.

NLP-Trainings allein lassen keine neuen Spitzen-Manager entstehen. Aber sie können Führungskräfte darin unterstützen, die Kommunikation im Unternehmen zu verbessern. NLP bietet eine Fülle an Möglichkeiten, um auf die verschiedenen Situationen von Führungskräften einzugehen.

NLP wird in Seminaren für die verschiedensten Hierarchieebenen im Unternehmen angeboten. Dabei werden die NLP-Methoden je nach Problem- und Aufgabenstellung der Führungskräfte eingesetzt.

Für einen besseren Kontakt zu den Mitarbeitern, Kollegen und Vorgesetzten können die Möglichkeiten von Pacen und Leaden nützlich sein. Für die Leitung von Projekten kann das zielorientierte und strategische Vorgehen des NLP bereichernd sein. Um in Konfliktgesprächen handlungsfähig zu sein, können Erfolgsstrategien eingeübt werden. Für die Motivation unterstützt das Wissen um innere Zustände.

Sprache ist ein machtvolles Instrument der Führung – NLP kann Führungskräfte für Sprach-Prozesse und deren Auswirkungen auf bewußte und unbewußte Kommunikation sensibilisieren.

Die Wirksamkeit der Trainings-Maßnahmen richtet sich u.a. danach, wie passende Methoden des NLP auf die Zielgruppen und deren Problembereiche angewendet werden.

Auch bei der Organisationsentwicklung und der Formulierung und Umsetzung von Unternehmenszielen und Visionen unterstützt das NLP durch seine zielgerichtete, ökologische und effektive Vorgehensweise.

Coaching

Coaching ist die Begleitung von individuellen Lern- und Entwicklungsprozessen. Im Rahmen der Einzelbetreuung von Führungskräften oder Selbstständigen bietet NLP ein wirksames Instrument, um auch persönliche Glaubenssätze kennenzulernen und einengende Überzeugungen zu erweitern. Denn das, was sie über sich, ihre Fähigkeiten, ihre Mitarbeiter, ihr Unternehmen, die Produkte usw. denken, hat einen Einfluß auf ihr Handeln und damit auch auf die Kommunikation im Unternehmen.

NLP kann dazu genutzt werden, eigene Verhaltensweisen und Fähigkeiten weiterzuentwickeln, damit bestimmte Aufgaben leichter und effektiver angegangen werden können – es unterstützt das erfolgreiche Selbst-Management.

Für Coaching-Themen wie z.B. zwischenmenschliche Konflikte, Führungskompetenz, Karriereplanung, Sinnkrisen, Zeitplanung, Blockaden und Ängste, Burn out, Selbstwert gibt NLP keine fertigen Antworten und Lösungen vor, sondern unterstützt darin, ein eigenes Problemlösungsverhalten zu entwickeln. Nicht nur lernen – sondern Lernen lernen.

NLP eignet sich für das Coaching, weil es beschreibt, wie Prozesse der Veränderung eingeleitet und durchgeführt werden. Im Coaching wird der Fokus auf die Bereiche gelegt, die der Gecoachte selbst beeinflussen kann. Auch NLP zielt auf die Hilfe zur Selbsthilfe und auf die Veränderung der eigenen „Landkarte" – des eigenen Verhaltens und der eigenen Fähigkeiten. Durch seine strukturierte, gezielte, praxis- und ressourceorientierte Art bietet NLP wichtige Werkzeuge für schnelle und bleibende Veränderungsprozesse.

Verkaufsbereich

Ein guter Verkäufer benötigt möglichst genaue Informationen darüber, was ein Kunde eigentlich möchte. Die Informationssammlung ist also ein wichtiger Schritt beim Verkaufsgespräch. Damit stellt ein Verkäufer sicher, daß der Kunde das Produkt oder die Dienstleistung auch wirklich gebrauchen kann. Ohne eine gute Informationssammlung kann es sein, daß der Kunde ein unpassendes Produkt oder eine überflüssige Dienstleistung erhält, so daß er den Kauf später bereut und sich zu Recht über die schlechte Beratung ärgert. Ein negatives Image für Verkäufer und Unternehmen wäre die Folge. Verkaufen heißt also nicht, den Kunden „über den Tisch ziehen" oder „ihn möglichst schnell zur Unterschrift bringen", sondern ihm das zu geben, was er haben möchte.

NLP bietet für die Informationssammlung einige Techniken, die Du auch schon kennengelernt hast. Natürlich ist der Rapport zum Kunden eine Grundlage für das Verkaufsgespräch. Durch genaues Nachfragen und Beobachten erhält man dann präzise Informationen über die Motive, Ziele und Strategien des Kunden. Diese Informationen kann man dann wieder in das Verkaufsgespräch einfließen lassen.

Auch hier ist kongruentes Verhalten Grundlage von Erfolg. Wenn ein Verkäufer über seinen Kunden denkt: „Ist das ein Dummkopf", aber im gleichen Augenblick ein freundliches Lächeln aufsetzt und sagt: „Was kann ich für Sie tun?", so wird er den

„Dummkopf" in seinem Verhalten ausdrücken, und der Kunde spürt ein Unbehagen. Letztendlich läßt sich solches Denken nicht verbergen.

Ein Freund von mir hat in einem Jahr im gesamten süddeutschen Raum seine Verkaufszahlen um 100% gesteigert. Wenn ich ihn auf sein Produkt anspreche, verändert er seine Körperhaltung, bekommt strahlende Augen und redet mit begeisterter Stimme. Als ich ihn fragte, was er selbst von seinem Produkt hält, sagte er: „Es ist leicht zu verkaufen, da ich weiß, daß dies das beste Produkt auf dem Markt ist." Mit dieser Überzeugung verkauft es sich wirklich leicht.

Bei Verkaufstrainings mit NLP werden die eigene Wahrnehmung, die Rapport-Fähigkeit, Fragen-Modelle, Kongruenz (Stimmigkeit im Verhalten), Kauf- und Verkaufsstrategien, sprachliche Umdeutungen, Herstellen innerer Zustände, Flexibilität usw. gelehrt. Das Ziel kann dabei nur die Zufriedenheit des Kunden sein. Denn nur zufriedene Kunden kommen wieder und machen kostenlose Werbung durch Mundpropaganda.

Gesundheitswesen

NLP bietet einen positiven und zielorientierten Ansatz bei der Gesundheitsförderung. Körper und Geist werden als miteinander verbundene Teile betrachtet. Das „Was man denkt" und „Wie man denkt" hat Auswirkungen auf den Gesundheitszustand.

Gesundheit hat auch mit Umweltfaktoren zu tun, denen wir uns aussetzen, wie die Qualität der Luft und der Nahrung, die Arbeitsbedingungen (Arbeitszeit und -ort), die Wohnqualität, die atmosphärischen Bedingungen (Ozon, Wetter, Smog) und die zwischenmenschlichen Beziehungen (zu Partnern, Freunden, Kollegen).

Wir sollten eigentlich ein wesentlich größeres Interesse an der „Gesundheit" unserer Natur entwickeln, denn in dem Maße, wie wir die Natur erhalten und schützen, unterstützen wir auch unsere physische und psychische Gesundheit.

Neben den Umweltfaktoren spielen jedoch auch Dein Verhalten und Deine inneren Fähigkeiten eine wichtige Rolle bei der Gesundheitsförderung. Was tust Du für Deine Gesundheit? Sport, Spaziergänge, Meditation, Sauna, Massagen, ...? Dazu benötigst Du jedoch schon Fähigkeiten, wie z.B. die, Dich zu motivieren. Oder aber die Fähigkeit, innerlich zur Ruhe zu kommen, loszulassen und Dich zu entspannen.

Natürlich hat auch Deine innere Überzeugung (Glaube) und die Qualität Deiner Gedanken eine Auswirkung auf Deinen Gesundheitszustand. Was glaubst Du z.B. über bestimmte Krankheiten? Der eine glaubt, daß er aus den und den Gründen nicht gesund werden kann; der andere glaubt daran, daß er alle Ressourcen für eine Heilung in sich hat und gesund wird. Auch der Glaube an bestimmte Präparate kann sich auf den Heilungsprozeß auswirken, wie der Placebo-Effekt nachweist.

Die Psychoneuroimmunologie hat nachgewiesen, daß zwischen Gehirn und Immunsystem ein intensiver Informationsaustausch stattfindet. Du beeinflußt mit Deinen Gedanken und Gefühlen Dein Immunsystem und damit Deinen Gesundheitszustand.

Als Betroffener kannst Du mit Deinem Verhalten, Deinen Fähigkeiten und Deinen Gedanken viel dazu beitragen, gesund zu werden oder gesund zu bleiben. NLP ist kein Allheilmittel, hat jedoch einige Techniken entwickelt, um den individuellen Heilungsprozeß wirkungsvoll zu unterstützen (Reframing, Arbeit mit Ankern, Veränderung der Submodalitäten, History-Change u.a.).

Von Menschen, die im Gesundheitsbereich arbeiten, wird NLP nicht nur zur Gesundheitsvorsorge, sondern auch häufig bei psychosomatischen Erkrankungen, Geschwüren, Magenproblemen, Kopfschmerzen, Krebs, Hautproblemen und ganz allgemein zur Unterstützung des Immunsystems eingesetzt.

Auch zur allgemeinen Verbesserung der „Arzt-Patient-Kommunikation" bietet sich NLP als ein wirkungsvolles Instrument an. Einige Studien gelangten zu dem Schluß, daß ca. 90 % der Patienten unzufrieden sind mit der Art, wie Ärzte mit ihnen reden. Hier liegen noch Einsatzmöglichkeiten für das NLP (oder andere Methoden, die die Kommunikation verbessern können).

Psychotherapie

Die Psychotherapie als ein Bereich des Gesundheitswesens nutzt natürlich schon seit längerer Zeit NLP als ein wirkungsvolles Modell, um Veränderungsarbeit durchzuführen. Das erscheint nicht verwunderlich, wenn man bedenkt, daß die Untersuchung von Psychotherapeuten verschiedener Schulen ein Ausgangspunkt bei der Entwicklung des NLP war.

Wie arbeiten erfolgreiche Therapeuten in einzelnen Therapieformen (Gestalttherapie, Familientherapie, Hypnotherapie u.a.)? Was machen sie, wenn sie erfolgreich Veränderungen bewirken? Was ist bei allen Therapieformen das Grundlegende, das zum Erfolg führt?

Aus den Antworten bildete NLP keine eigentlich neue Therapierichtung, sondern die Quintessenz von erfolgreichen Therapie-Schulen. Inzwischen sind jedoch auch einige neue Übungen und eigene Techniken entstanden und weiterentwickelt worden (z.B. das gesamte Gebiet der Submodalitäten).

Das NLP-Modell bietet auf ganz verschiedenen Ebenen der Veränderung (z.B. Verhalten, Fähigkeiten, Glaubenssätze, Identität, Sinn) Interventionen an. Gerade durch die ungewöhnlich schnelle Phobie-Behandlung ist man auf NLP aufmerksam geworden. Doch auch bei Streßreaktionen, Beziehungsproblemen oder der allgemeinen Klärung der derzeitigen Situation ist NLP hilfreich.

Als Therapieform wird NLP derzeit in Deutschland weder von den gesetzlichen, noch von den privaten Krankenkassen bezahlt. Nach wie vor sind hier nur die Verhaltenstherapie, die Psychoanalyse und Tiefenpsychologische Verfahren anerkannt. Wenn Du für Dich NLP als Psychotherapie nutzen möchtest, kannst Du Dich an Psychotherapeuten wenden, die NLP als Zusatzqualifikation erlernt haben.

Generell läßt sich sagen, daß NLP keine Therapieausbildung ist oder anders ausgedrückt: Eine abgeschlossene NLP-Ausbildung macht noch keinen Psychotherapeuten. Dazu gehören Kenntnisse über Entwicklungs- und Persönlichkeitspsychologie, Diagnostik, Psychopathologie, physiologische Psychologie usw., wie sie z.B. im Psychologie-Studium oder in guten Heilpraktiker-Ausbildungen vermittelt werden. Auch die Aufarbeitung der eigenen Biographie mittels Supervision und Eigentherapie, sowie Kenntnisse über andere Therapierichtungen gehören meiner Meinung nach zu einem NLP-Therapeuten dazu, wenn er mit psychisch aus dem Gleichgewicht gekommenen Patienten arbeitet.

Das NLP-Modell bietet jedem psychotherapeutisch Tätigen eine Vielzahl an Interventionen und die Möglichkeit, mehr darüber zu erfahren, wie Veränderungen bewirkt werden können.

Sozialarbeit

Gerade in diesem Bereich, der keine typischen „Therapie"-Sitzungen kennt, sondern meist Gespräche, in denen Klienten „nur" beraten werden, ist NLP ein hilfreiches Mittel. In diesen Beratungsgesprächen sollen oft recht schnell für und mit dem Klienten Veränderungen bewirkt werden. Das wichtigste Mittel dazu ist die Kommunikation. NLP kann jeden Menschen darin unterstützen, Eigenverantwortung wieder neu zu entdecken und sich in die aktive Rolle zu bringen. Es unterstützt die eigenen Ressourcen des Klienten und bietet Hilfe zur Selbsthilfe. Dem im Sozialbereich Arbeitenden bietet NLP Strategien zum Umgang mit den verschiedensten Beratungssituationen.

So z.B. im Bereich der Sozialpädagogischen Familienhilfe, bei der sich ein Familienhelfer in den Haushalt der zu betreuenden Familie begibt, um dort die Familie zur Bewältigung ihrer Alltagsprobleme zu befähigen. Hier, wo der Aufbau von zwischenmenschlicher Beziehung, das Entdecken der Lebenswelt des anderen, das Herstellen und Halten von eigenen positiven inneren Zuständen und das Erarbeiten von Zielen wichtige Kriterien für die erfolgreiche Arbeit in der Familie sind, ist das NLP-Modell ein bereicherndes Instrument.

Und außerdem:

Weiterhin kann NLP in all den Bereichen angewendet werden, in denen schöpferische Potentiale zu entwickeln sind. Dazu gehören z.B. die Musik, die Malerei, die Werbung, die Schriftstellerei usw. Die Kreativitätsstrategien kann sich jeder für seinen Bereich nutzbar machen. Auch im Sport findet NLP seine Anwendung, z.B. durch Motivationsstrategien und Übungen zur Konzentration.

Du merkst, daß den Anwendungsbereichen keine Grenzen gesetzt sind. Die Grenzen für die Anwendung von NLP liegen beim Anwender selbst. Zu den meisten der genannten Bereiche gibt es ausführliche Literatur, die teilweise im Literaturverzeichnis am Ende des Buches aufgeführt ist.

NLP-Seminare und Workshops

Wenn Dir klar geworden ist, daß Du NLP „live" erleben möchtest, Erfahrungen machen und mit anderen austauschen möchtest, bieten sich für Dich NLP-Seminare an. Das Angebot ist inzwischen recht groß, für den Einsteiger oft unübersichtlich. Versuchen wir, etwas Ordnung in den NLP-Seminar-Markt zu bringen:

Es gibt → NLP-Ausbildungen,
→ zielgruppenorientierte NLP-Seminare,
→ themenorientierte NLP-Seminare.

Die NLP-Ausbildungen

Eine NLP-Ausbildung bietet sich für Dich dann an, wenn Du ein sehr breites Spektrum der Möglichkeiten kennenlernen möchtest. Es gibt im deutschsprachigen Raum derzeit vier anerkannte Ausbildungsstufen, die aufeinander aufbauen:
1. NLP-Practitioner
2. NLP-Master-Practitioner
3. NLP-Trainer
4. NLP-Lehrtrainer

1. Die NLP-Practitioner-Ausbildung

Diese Ausbildung ist der Einstieg in die Welt des NLP. In dieser Stufe lernst Du die grundlegenden Fähigkeiten, Techniken und Methoden des NLP kennen. Dazu gehört z.B. die Entwicklung Deiner Wahrnehmung, die Fähigkeit, Kontakt herzustellen und zu halten, Ziele für Dich und mit anderen zu formulieren, das Verständnis der NLP-Vorannahmen und wie Du Dich in einen ressourcevollen Zustand bringen kannst. Aber auch Übungen und Techniken, wie das Ankern, das Meta-Modell, das Milton-Modell, Reframing, Strategien, Submodalitäten usw., gehören dazu.

Haben sich die Inhalte der NLP-Ausbildungen der unterschiedlichen Institute in den letzten Jahren vereinheitlicht, so ist der zeitliche Rahmen, in dem Du diese Inhalte vermittelt bekommst und die Art und Weise der Vermittlung recht unterschiedlich.

Es gibt derzeit hauptsächlich drei Ausbildungsformen:

a) Du kannst die Ausbildung an mehreren 5-Tage-Seminaren machen. Die Ausbildung umfaßt hier oft 3 – 4 Seminarschritte von jeweils fünf Tagen. Zwischen den etwa halbjährlich stattfindenden Seminaren liegen Supervisions-Wochenenden zur Übung und Integration. Damit ist die Dauer dieser kontinuierlichen Ausbildungsgruppe hier auf ca. 1½ Jahre angelegt. Meistens finden diese Seminare von Montag bis Freitag statt. Vielleicht ist die Ausbildung des jeweiligen Instituts auch als Bildungsveranstaltung anerkannt, und Du kannst Dir Bildungsurlaub nehmen. Mehr und mehr Firmen stellen ihre Mitarbeiter/innen frei und bezahlen ihre NLP-Ausbildungen.

Bei diesen Ausbildungsbedingungen hast Du genügend Zeit, um NLP in dem geschützten Rahmen einer festen Ausbildungsgruppe auszuprobieren und Deine im Alltag gemachten Erfahrungen aufzuarbeiten. Die Gruppe begleitet Dich über einen längeren Zeitraum, womit eine gewisse Kontinuität des Lernens einhergeht. Persönliche Entwicklungsschritte werden wahrgenommen und unterstützt. Für die Zeiträume zwischen den Seminaren solltest Du eine feste NLP-Übungsgruppe nutzen, um am

Ball zu bleiben. Tips und Anregungen für Übungsgruppen vermitteln meist die Institute. Diese Form der Ausbildung gewährleistet dann meiner Meinung nach am besten die Integration der NLP-Inhalte in Deinen Alltag und ist daher empfehlenswert.

b) Die Ausbildung in einem 3-Wochen-Intensiv-Programm erscheint mir problematisch. Hier wird in einem Schnellverfahren durchgeführt, was Übung und Zeit braucht. Die Teilnehmer werden überladen mit Übungen und Techniken, wovon sie einen großen Teil wieder vergessen und nie wieder anwenden. Dies ist nicht der schnelle Weg zu NLP-Kompetenz, sondern höchstens der schnelle Weg zum Ausbildungszertifikat.

Leider können in diesem Ausbildungsrahmen die gemachten Erfahrungen mit der Anwendung der NLP-Techniken im Alltag nicht in die betreute Gruppe zurückgetragen werden. Damit fehlt ein wichtiges Element: Das Lernen durch die Aufarbeitung Deiner gemachten Erfahrungen. Eine umfassende persönliche Integration der NLP-Inhalte erscheint mir hier recht schwierig, da die wenigsten Kursteilnehmer sich in Übungsgruppen *nach* der Ausbildung treffen.

c) Du kannst die Ausbildung an mehreren Wochenenden machen. Es finden ca. 10 Wochenendtermine statt, die über den Zeitraum eines Jahres verteilt sind. Kleiner Nachteil hier sind vielleicht die kurzen Wochenend-Termine: Kaum bist Du angekommen, ist die Zeit auch schon wieder vorbei. Und: Die Gruppenprozesse in einem 2-Tages-Seminar haben eine andere Qualität und Intensität, als z.B. in einem 5-Tages-Seminar. Vorteilhaft ist hier allerdings die Regelmäßigkeit in relativ kurzen Abständen, die eine Integration in den Alltag erleichtert.

Was ist Dir wichtig? Worauf legst Du Wert? Welches Ziel verfolgst Du mit einer Ausbildung in NLP? Möchtest Du „nur" die Übungen des NLP kennenlernen? Willst Du NLP für Dich anwenden, erleben und für Dein persönliches Wachstum nutzen? Wie wichtig ist Dir ein schöner Veranstaltungsort? Woran erkennst Du den richtigen Trainer für Dich? Was erleichtert Dir lustvolles Lernen?

Der Ausbildungs-Rahmen sollte auf Deine persönlichen Interessen zugeschnitten sein. Frage deshalb bei den Instituten auch nach, wie groß die Gruppen maximal sind und wieviele Trainer (bzw. Assistenten) die Ausbildungsgruppe leiten.

Auch nach den methodischen Besonderheiten der Ausbildungen solltest Du Dich vorher erkundigen. Ist es eine Ausbildung, die überwiegend mit Demonstrationen und Vorträgen arbeitet? Oder werden viele Übungen und Spiele durchgeführt? Werden Körperübungen gemacht? Wird die Natur mit einbezogen?

Mit dem Rahmen sind natürlich auch die Kosten der Ausbildung verbunden. Einen Vergleich der Ausbildungskosten erhältst Du am besten, wenn Du jeweils die Gesamtkosten der Ausbildung durch die Anzahl der gelehrten Stunden teilst. Damit erhältst Du den durchschnittlichen Stundensatz, den Du für einen (oder zwei) Trainer/innen bezahlst. Hinzu kommen dann in der Regel nur noch Übernachtungs- und Verpflegungskosten sowie Zertifizierungsgebühren.

2. Die Master-Practitioner-Ausbildung

Wenn Du eine NLP-Practitioner-Ausbildung erfolgreich abgeschlossen hast und Du weiterhin Spaß daran hast, kannst Du in einer Master-Practitioner-Ausbildung die fortgeschrittenen NLP-Techniken kennenlernen. Dazu gehören dann u.a. das Modellieren von Leistungen, die für Dein Leben von Interesse sind, das Wissen um innere Sortiermechanismen (Meta-Programme), fortgeschrittene Strategiearbeit, Submodalitäten, Arbeit mit Systemen (Paare, Familien, Gruppen), Werte und Visionen, Timeline usw. Begleitend werden in der Master-Ausbildung meist interessante Modellierungs-Projekte durchgeführt. Das bedeutet, daß Du Erfolgsstrategien anderer Leute für Dich und Dein Leben nutzbar machst.

Die Rahmenbedingungen sind auch hier bei den jeweiligen Instituten zu erfragen. NLP-Master-Ausbildungen unter 130 Stunden können sicher nicht als seriös betrachtet werden. Für die Master-Ausbildung kannst Du das Institut auch wechseln, um unterschiedliche Trainer, Trainingsstile und Institute kennenzulernen.

3. Die Trainer-Ausbildung

Die NLP-Trainer-Ausbildung schließt sich an den NLP-Master-Practitioner an und ist für diejenigen gedacht, die lehren möchten. Dabei lernst Du z.B. Gruppenprozesse wahrnehmen und verstehen und wie Du Dich vor Gruppen präsentierst. Du lernst didaktische Prozesse kennen und Kurskonzepte zu entwerfen. Weiterhin wirst Du Übungen selbständig kreieren, den Umgang mit schwierigen Situationen üben, Sicherheit in den NLP-Prozessen erreichen und verschiedene Lern- und Lehrmethoden und -techniken kennenlernen.

4. NLP-Lehrtrainer

Der „NLP-Lehrtrainer", berechtigt dazu, anerkannte NLP-Ausbildungen durchzuführen. NLP-Lehrtrainer darf sich nennen, wer mit dem entsprechenden Dachverband einen Kooperationsvertrag abgeschlossen hat. Dazu mußt Du nach Deiner anerkannten Trainer-Ausbildung noch über bestimmte Qualifikationsnachweise verfügen. Falls dies eine Berufsperspektive für Dich ist, informiere Dich rechtzeitig über die aktuellen Bedingungen bei den Dachverbänden (Internet-Adressen siehe Seite 110).

Seit einigen Jahren haben diese sich zur Aufgabe gemacht, die Qualität der NLP-Ausbildungen sicherzustellen, indem sie Richtlinien für die einzelnen NLP-Ausbildungen erarbeitet haben, nach denen sich die eingetragenen Trainer richten. Somit ist eine gegenseitige Anerkennung und Kompatibilität der Ausbildungen gewährleistet.

Die Dachverbände stellen sicher, daß die eingetragenen NLP-Trainer für die einzelnen Ausbildungen eine Trainingszeit von mindestens 130 Stunden ansetzen. In der Regel liegt die Stundenzahl sogar noch darüber. Damit wird einem unseriösen „NLP-Practitioner in 48 Stunden" entgegengewirkt.

Noch ein Wort zu den Zertifikaten: Jeweils nach Abschluß der Ausbildung zum NLP-Practitioner, zum NLP-Master-Practitioner und zum NLP-Trainer erhältst Du ein Zertifikat, das Dir bescheinigt, daß Du an der NLP-Ausbildung teilgenommen hast. Es bescheinigt Dir außerdem, daß Du die Inhalte der jeweiligen Ausbildung kennengelernt hast und nutzen kannst und das Testing erfolgreich bestanden hast. Nicht mehr – aber auch nicht weniger.

Die Richtlinien der Dachverbände führen zu einer Vereinheitlichung der NLP-Ausbildungsinhalte. Das „Wie", also die Art und Weise der Vermittlung, ist nach wie vor von Trainer zu Trainer, von Institut zu Institut unterschiedlich. Jeder Trainer hat persönliche Interessensschwerpunkte, einen individuellen Stil und ein besonderes Profil. Erkundige Dich über die jeweiligen Spezialitäten in einem persönlichen Gespräch oder über Teilnehmer, die bereits Erfahrungen gemacht haben. Auch ein NLP-Einführungs-Wochenende oder ein offenes NLP-Seminar kann gut einen ersten Eindruck vermitteln. Gerade bei einem längerfristigen Lern-Prozeß, wie den NLP-Ausbildungen, sollte die Beziehung zum Ausbilder oder zur Ausbilderin stimmen. Folge dabei der Stimme Deines Herzens.

Zielgruppenorientierte NLP-Seminare

Zu den NLP-Seminaren, die sich auf bestimmte Zielgruppen spezialisieren, gehören z.B. NLP für Führungskräfte, NLP für Verkäufer, NLP für Familienhelfer, NLP für Paare, NLP für Lehrer, NLP für Arbeits-, Betriebs- und Organisationspsychologen, NLP für Jugendliche, NLP für Hebammen usw.

Hierbei werden die Methoden des NLP für die entsprechende Zielgruppe nutzbar gemacht. Diese Seminare haben den Vorteil, sehr konzentriert mit der Zielgruppe an ihren Problemen oder Zielen zu arbeiten. Außerdem kann ein interessanter Erfahrungs- und Interessenaustausch zwischen den einzelnen Teilnehmern erfolgen. Manch einer empfindet jedoch eine solche berufsgruppenspezifische Fortbildung als Nachteil, weil man „wieder unter sich" ist.

Themenorientierte NLP-Seminare

Bei diesen NLP-Seminaren stehen bestimmte Themen im Vordergrund. Einzelne Aspekte des NLP werden hier besonders intensiv vorgestellt, z.B. NLP und Hypnose, Nonverbale Kommunikation, NLP und Visionen, NLP und Timeline usw. Oder aber NLP wird mit anderen interessanten Gebieten verbunden, wie z.B. NLP und Kreativität, NLP und Feldenkrais, NLP und Suggestopädie, NLP für das Selbst-Management, NLP für die Teamentwicklung, NLP für erfüllte Partnerschaften usw. Die Auswahl an Themen ist inzwischen recht groß.

Kritisches: Nichts ist unmöglich! – NLP?

Was Du bis jetzt über NLP gelesen hast, könnte Dich vielleicht zu der Annahme verleiten, daß mit Hilfe von NLP alles möglich ist. Ich habe bisher auch mein Augenmerk darauf gerichtet, Dir zu erzählen, was möglich ist. Nun ist es an der Zeit, auch davon zu berichten, was NLP nicht leisten kann und was zum Thema NLP kritisch zu bemerken wäre.

NLP produziert keine Supermänner oder Superfrauen! Aus einem „normalen" Verkäufer wird nach fünf Tagen NLP kein Top-Verkäufer der Spitzenklasse. Auch eine bisher eher unauffällige Führungskraft wird nach einem NLP-Seminar keine schillernde Führungspersönlichkeit in der Unternehmenslandschaft. Aus einem „Pauker" wird in drei Tagen kein brillanter Lieblingslehrer usw.

Wenn Du also solche Versprechen von anderen hörst oder Dir dies bisher von NLP-Seminaren erwartet hattest, so weißt Du es nun besser. Bestimmte Entwicklungen brauchen ihre Zeit. Auch aus einem Amateur-Fußballer wird ja nach drei Tagen Training noch kein Profi-Fußballer.

Es macht einen Unterschied, ob man den „Geist des NLP" kennenlernen möchte oder nur die Techniken und Übungen. NLP ist mehr als die einzelnen Übungen und Techniken. Im NLP sind viele Erkenntnisse und Einsichten, viele „Aha"-Erlebnisse und Überraschungen enthalten, die entdeckt und genutzt werden wollen. Wenn Du diese Entdeckungen für Dich nicht weiter nutzt, werden Deine gemachten Erfahrungen verblassen.

Es bedarf also der Übung, um seine Fertigkeiten weiterzuentwickeln. Wer eine NLP-Ausbildung macht, seine Erkenntnisse und Einsichten aber nicht in seinen Alltag transportiert, wird weniger davon haben, als derjenige, der bewußt den Alltag nutzt, um seine Wahrnehmung zu schulen, seine Sprache bewußt einzusetzen, der übt, Rapport herzustellen und der sich mit Freude dem Erreichen gesteckter Ziele widmet. Also auch in diesem Bereich kann Übung Meister hervorbringen.

Oftmals wird NLP-Anwendern Manipulation vorgeworfen. Manipulation wird hier meist als eine bewußte Einflußnahme auf Menschen ohne deren Wissen oder gegen deren Willen definiert. Damit verbunden ist die Vorstellung, man betrete ein Kaufhaus und das in NLP-Techniken geschulte Personal könne jedem einfach alles „andrehen" – so funktioniert das natürlich nicht. Man kann mit NLP keinen Menschen gegen seinen bewußten Willen zu etwas zwingen.

Jedoch wirken Kommunikationsprozesse nicht nur auf der bewußten, sondern auch auf der unbewußten Ebene. Beeinflussungen auf der unbewußten Ebene sind wir alle ausgesetzt. Die Werbung ist dafür ein typisches Beispiel. Sie nutzt die unbewußte Kommunikation, um uns ein bestimmtes Produkt näher zu bringen und uns zum Kauf anzuregen.

Unser Unterbewußtsein fühlt sich von den schönen Bildern und Farben, der Musik und den Stimmen angesprochen (bzw. bei schlechter Werbung abgestoßen). Der beste Schutz gegen unbewußte Kommunikationsprozesse ist das Wissen darüber. Je mehr Du über Kommunikationsprozesse weißt, desto leichter fällt es Dir, zu erkennen, wann Du beeinflußt wirst, und Du kannst darauf geeignet reagieren. Du wirst wacher und aufmerksamer für die Beeinflussung in der Kommunikation. Eine Rückkehr in das „Land der Unwissenden" ist nicht mehr möglich.

Wenn Du einiges über Kommunikationsprozesse gelernt hast, liegt es an Dir, zu entscheiden, wie Du dieses Wissen anwenden möchtest. NLP bekommt seinen Sinn erst durch das Handeln seiner Anwender. Die Art und Weise, wie NLP angewendet wird und welchem Zweck es dienen soll, legt der Mensch fest, der es nutzt.

Als anschauliches Beispiel kann hier die Harfe dienen. Man kann dieses schöne Musikinstrument dazu benutzen, andere mit der Musik zu verzaubern und ihnen Spaß zu bereiten. Man könnte aber auch so spielen, daß es für die meisten Zuhörer sehr unangenehm wäre. Man könnte die Harfe auch jemandem an den Kopf werfen und schwer damit verletzen. All das ist möglich. Sollte man deshalb die Harfe als Instrument verbieten?

NLP teilt sein Schicksal mit vielen anderen Errungenschaften der Menschheit. Sie können für oder gegen die Menschen eingesetzt werden und damit Nutzen bringen oder Schaden anrichten. Mit erscheint die bewußte Einflußnahme auf Kommunikationsabläufe von praktischem Nutzen. Wenn ein Therapeut seinen Klienten mit Hilfe von bewußter „Manipulation" in den gewünschten Zustand führen kann, und ihm dadurch die Möglichkeit gibt, ein Problemverhalten selbst zu ändern, dann ist das doch positiv zu werten.

Um so wichtiger erscheint also die Frage, mit welchem Ziel und in welchem ethischen Rahmen mit NLP gearbeitet wird. Wird NLP benutzt, um andere „übers Ohr zu hauen", Machtspiele zu gewinnen, Fassaden aufzubauen oder eigene Schwächen zu überdecken? Oder wird NLP dazu genutzt, seine Fähigkeiten zu entwickeln, Ressourcen zu stärken, mehr Lebensfreude mit anderen zu erleben, sich selbst mehr anzunehmen und zu lieben? Diese Fragen wird jeder NLP-Anwender im Laufe der Zeit für sich beantworten. Die Antwort stellt das übergeordnete Ziel und den ethischen Rahmen dar, in dem er oder sie NLP anwenden wird.

Ich habe Menschen kennengelernt, die NLP dazu nutzen, ihre Mauern um sich hochzuziehen, von Veränderung eigentlich nichts wissen wollen und sich in scheinbarer Sicherheit wägen. Es gibt Anwender, die NLP-Techniken dazu gebrauchen, ihr Minderwertigkeitsgefühl zu überspielen und NLP als Machtinstrument einsetzen. Auch das gibt es also (wie in allen anderen Bereichen auch).

Die Mehrzahl der Menschen, die NLP kennenlernen, nutzen es für persönliches Wachstum, für lebendige Beziehungen, zur Steigerung des Selbstwertes, für ein eigenverantwortliches, selbstbestimmtes Leben, für mehr Lebensqualität, ... Letztendlich entscheidet der Anwender, in welchem Geist er NLP anwenden möchte.

Manche NLP-Anwender wähnen sich anfänglich – durch die Vielzahl von Einsichten und „Aha"-Erlebnisse – kurz davor, die ultimative Wahrheit zu erlangen und sie wollen andere an dieser Wahrheit teilhaben lassen. Dabei verläßt sie häufig die Neugierde für die Welt des anderen. Die Grundannahmen werden dann zu Dogmen. Das ist schade, denn die Grundannahmen sind nicht die „Wahrheit", sondern nur praktische Glaubenssätze, die uns in unserem Leben unterstützen können. Wenn man z.B. Einfluß auf Kommunikationsabläufe nehmen möchte, ist es einfach praktischer, daran zu glauben, daß die Verantwortung für Kommunikation bei jedem selbst liegt, als zu glauben, daß der andere für die Kommunikation verantwortlich ist. Wenn Menschen wissen, daß sie für ihre Kommunikation selbst verantwortlich sind, können sie etwas ändern. Wenn sie glauben, sie sind Opfer oder „Spielfigur" anderer, können sie nichts ändern. Der Wert der Grundannahmen liegt nicht in seinem Wahrheitsgehalt – was ist schon wahr? –, sondern in der praktischen und lebensnahen Verwendbarkeit.

Manche Leute lassen bestimmte Verhaltensweisen zu festen Regeln erstarren, wie: Man muß immer mindestens drei Möglichkeiten finden, man muß immer Rapport herstellen, man muß immer Ziele formulieren und alle NLP-Techniken nutzen, um immer „gut drauf" zu sein. Wenn diese Menschen dann nur zwei Möglichkeiten finden oder mal über ein Problem nachgedacht haben, statt über eine Lösung, haben sie schon ein schlechtes Gewissen. Das hat wenig mit NLP, dafür umso mehr mit „Wie setze ich mich selbst unter Druck" zu tun.

NLP bietet einen Pool an Möglichkeiten, mehr in Kontakt mit sich und anderen zu kommen und das zu leben, was Du wirklich leben möchtest. Es bringt Dich in Kontakt mit Deiner inneren Quelle.

NLP kann Dich darin unterstützen, authentisch zu sein, mehr Du selbst zu sein. Dazu ist es vorteilhaft, die Einsichten, die Du im NLP gewonnen hast, behutsam und allmählich in Deine Persönlichkeit einfließen zu lassen. Nimm Dir dafür die Zeit, die Du benötigst.

Übrigens: Wenn man sich für ein bestimmtes Gebiet interessiert, lernt man die dazugehörigen Fachausdrücke rasch kennen und verwenden. So ist es auch beim NLP. Begriffe wie z.B. „Repäsentationssystem", „Rapport", „Ressourcen", „Submodalitäten", „Pacen und Leaden" oder „Ankern" sind in der Bevölkerung nur zu einem kleinen Teil bekannt. Es lohnt sich, daran zu denken, wenn man mit anderen zum ersten Mal über NLP spricht.

Praktisches: NLP und Lebensfreude

Du brauchst nicht NLP, um ein glückliches und erfülltes Leben zu führen, aber NLP kann Dich darin unterstützen. Es gibt keine Methode für permanentes Glück oder den sicheren Gutschein für die bleibende Veränderung. Der Wandel ist das einzig Bleibende. Wenn persönliche Veränderungen stattfinden, dann hast Du sie bewirkt – mit oder ohne NLP. Der Mensch, nicht die Methode erschafft Lebensqualität. Doch manchmal erleichtert ein Werkzeug die Arbeit.

NLP ist aus der Praxis – für die Praxis. Die Methoden des NLP sind dem Leben abgeschaut und für Dein Leben nutzbar. Das Praktische daran ist, Du trägst alles, was für NLP notwendig ist, immer mit Dir. Du hast einen Körper, Du hast Sinnesorgane und Du kannst Dir Gedanken machen. Damit hast Du die Grundausstattung für die Übungen des NLP.

Weiterhin kannst Du NLP immer dann einsetzen, wenn Du es möchtest. Du kannst es zu Deinem Wohle und zum Wohle anderer nutzen. Du kannst es aber auch sein lassen. Du kannst neugierig darauf sein, was Du noch alles entdecken wirst. Und Du kannst NLP üben, um mehr von dem zu leben, was Du möchtest. Vielleicht mehr Freude, mehr Liebe, mehr Freiheit, mehr Harmonie, mehr Spaß, mehr Ruhe, mehr Genuß, mehr Intensität, mehr Vertrauen oder mehr Lebendigkeit. Was ist es für Dich?

Visionäres: Was mit Hilfe von NLP möglich wäre

Die Anwendungsbereiche des NLP sind unbegrenzt. Weil NLP ein offenes System ist, sind auch andere Methoden und Prinzipien integrierbar. Alles was funktioniert, ethisch vertretbar ist und dem Erreichen ökologischer Ziele dient, hat Platz im NLP. So werden schon seit langem verschiedene Formen der Körperarbeit, wie Yoga, Feldenkrais, Tanzen usw. in NLP-Ausbildungen integriert. Die Verknüpfung mit den unterschiedlichsten Ansätzen hat also bereits stattgefunden und wird sich noch weiterentwickeln. Manche Verknüpfungen werden etwas schwierig, da sich die Grundannahmen unterscheiden. Aber auch dann kann etwas Neues entstehen. Ob es jedoch brauchbar ist, wird sich erst in der Praxis zeigen.

NLP entwickelt sich mit seinen Anwendern in den unterschiedlichen Bereichen immer weiter. Und mit ihnen sowohl die unterschiedliche Art des Lernens und des Lehrens, wie auch die Übungen und Spiele des NLP. Interessant wird es in Zukunft sein, wie NLP auf einzelne Problembereiche seine Anwendung findet und sich erfolgreich weiterentwickelt. Die Menschheit hat dringend einige Aufgaben für die Zukunft zu lösen. Wie kann also NLP zur Lösung komplexerer Problembereiche beitragen? Welche Ideen und Ansätze können gesellschaftliche, wirtschaftliche und politische Entwicklungen zum Wohle der Menschheit unterstützen? Wie können wir mit NLP die interkulturelle Kommunikation fördern? Wir leben in einem Zeitalter, in dem technisch fast alles machbar ist, jedoch die ökologische Krise sich mehr und mehr verschärft. Wie kann NLP dazu beitragen, daß wir einen verantwortungsvollen, d.h. ökologischen Umgang mit der Natur erlernen? Dies sind nur einige Fragen, bei denen ich mir vorstellen kann, daß NLP zu Lösungen beitragen kann.

Weitere Informationen über NLP

Bücher

Es gibt inzwischen auf dem Markt ein riesiges Angebot an NLP-Literatur. Wer sich also über NLP informieren möchte, hat viele Möglichkeiten. Ich persönlich glaube nicht, daß man NLP aus Büchern lernen kann. So wenig, wie man nach dem gründlichen Lesen der Lektüre „Drachenfliegen für Profis" in der Lage ist, so ein Fluggerät elegant durch die Lüfte zu bewegen.

Manche Menschen hindert das Lesen vieler NLP-Bücher daran, praktische Erfahrungen zu machen. Sie häufen zwar viel theoretisches Wissen über NLP an, haben jedoch wenig oder sogar nichts ausprobiert und sprechen eigentlich nur von den Erfahrungen anderer oder von Phantasien. Erst durch das Handeln wird NLP lebendig. Sei es, indem Du Rapport herstellst, Deine Wahrnehmung trainierst, konkrete Ziele für Dein Leben formulierst oder neue Möglichkeiten findest, Dich und andere in einen positiven Zustand zu führen.

Du kannst alle NLP-Bücher gelesen haben und trotzdem keinen Schritt auf Dein persönliches Ziel hin gemacht haben. NLP ist etwas Sinnliches, das in Deinem Alltag praktisch umgesetzt werden kann. NLP will erfahren werden, wie das Leben selbst. NLP will ausprobiert werden, damit Du mit den gemachten Erfahrungen neue, bessere oder elegantere Möglichkeiten für Dich nutzen kannst.

Es gibt natürlich zahlreiche gute NLP-Bücher, die ich aus Platzgründen jedoch so ausführlich nicht darstellen kann. Im Anhang findest Du eine kleine Auswahl. Weiterhin bietet Dir der Junfermann Verlag mit einem sehr umfangreichen NLP-Programm eine gute Auswahl (***www.junfermann.de***).

Info-Abende

Zahlreiche Ausbildungsinstitute bieten inzwischen kostenlose Info-Abende an, die einen kurzen Einblick ins NLP und die Arbeit des jeweiligen Institutes ermöglichen. Diese Info-Abende bieten Dir die Möglichkeit, die Trainer und die Räumlichkeiten kennenzulernen und Fragen zum Institut, NLP, der Ausbildung oder einzelnen Seminaren zu stellen. Außerdem lernst Du auf diesen Treffen in der Regel Leute kennen, die auch „Informationssuchende" sind, sich vielleicht schon irgendwo anders informiert haben und so könnt ihr Euch austauschen.

NLP-Video-/Audiokassetten

Auch auf Video gibt es ein breites, vor allem englischsprachiges Angebotsspektrum. So kannst Du z.B. Steve & Connirae Andreas, John Grinder oder Richard Bandler bei ihren Seminaren zu den unterschiedlichsten Themen erleben. Die Videos kosten je nach Laufzeit und Thema zwischen € 100,– und € 250,–.

Audio-Kassetten sind nicht immer preiswerter. Die Mitschnitte gehen von 90 Minuten bis zu über 18 Stunden – danach richtet sich auch der Preis. Es sind meistens Workshop-Aufnahmen von NLP-Trainern aus den USA, z.B. von Robert Dilts, John Grinder, Leslie Cameron Bandler, Richard Bandler u.a. Eine Surf-Station für englischsprachige Audiokassetten im Internet ist www.nlpbooks.com.

Deutschsprachige Video- und Audiokassetten könnten in der kommenden Zeit sicher mehr und mehr den Markt erobern.

NLP im Internet

Das Internet bietet Dir eine schnelle und bequeme Möglichkeit, Dich über Ausbildungsinstitute zu informieren. Alle größeren Ausbildungsinstitute im deutschsprachigen Raum haben einen Internet-Auftritt.

Eine kleine Auswahl an Einstiegsseiten:

www.dvnlp.de	Deutscher Verband für NLP
www.nlp.de	Deutscher NLP-Server
www.dg-nlpt.de	Deutsche Gesellschaft für Neuro-Linguistische Psychotherapie
www.nlp.de/hanlp/index.htm	Helvetican association for NLP (Schweiz)
www.oedv-nlp.at	Österreichischer Dachverband für NLP

www.nlp.at	Österreichischer NLP-Server
www.multimind.de	Deutschsprachige NLP-Fachzeitschrift
www.nlp-in.com	International Association of NLP-Institutes (IN)
www.junfermann.de	Junfermann Verlag mit umfangreicher NLP-Literatur
www.nlp-spectrum.de	Informationen zum Institut und der Arbeit des Autors

Einführungsveranstaltungen

Wer nicht gleich eine NLP-Ausbildung machen möchte, kann sich zu einer Einführungsveranstaltung bei den NLP-Instituten anmelden. Die Einführungsveranstaltungen können einen Tag, ein Wochenende oder aber fünf Tage dauern. Erkundige Dich, ob die Einführungsveranstaltung dann bereits auf die Ausbildung angerechnet wird. Bei manchen Instituten kannst Du nach dem ersten Seminar entscheiden, ob Du die NLP-Ausbildung danach fortführen möchtest.

Auch die Volkshochschulen und andere Bildungseinrichtungen bieten teilweise preiswerte Einführungsveranstaltungen in das NLP an. Denkt daran, daß Euch diese Veranstaltungen meist nur einen ersten Einblick in die Arbeitsweise des NLP geben können. Sollte Euch jemand versprechen, das gesamte NLP-Wissen in drei Tagen zu lehren, so könnt ihr zu Recht skeptisch sein.

In Einführungsveranstaltungen können nur einige Basisfertigkeiten vermittelt werden. Dies kann für Dich dann der Anstoß für eine NLP-Ausbildung oder bestimmte NLP-Seminare sein.

Aussichten: Wie Du mit NLP weitermachen kannst

Du hast einige Möglichkeiten kennengelernt, wie Du Dich weiter informieren kannst. Vielleicht bist Du schon neugierig geworden auf das, was NLP Dir noch bieten kann und hast Dich entschlossen, eine Einführungsveranstaltung, eine NLP-Ausbildung oder ein bestimmtes NLP-Seminar kennenzulernen.

Da sich das Buch nun dem Ende zuneigt, möchte ich Dir eine Übersicht der in diesem Buch vorgestellten Übungen und Aufgaben mit auf den Weg geben, die Du in den nächsten Wochen allein oder mit anderen weiter durchführen kannst. Diese Übungen sollen Dich anregen, einige Elemente des NLP in Deinem Leben auszuprobieren. Wenn Du sie mit anderen Leuten durchführst, dann versucht Euch mindestens einmal im Monat zu treffen, um Euch über Eure Erfahrungen auszutauschen.

Viel Spaß!

Die Übungen in diesem Buch

Ziele für Dein Leben formulieren (S. 25)

Ein persönliches Zielbuch anfertigen (S. 35)

Bevorzugtes Repräsentationssystem erkennen (S. 50)

Stimme Dich ein für den Tag (S. 56)

Wie du Rapport herstellen kannst:
→ durch Angleichen der Körperhaltung (S. 60)
→ durch Angleichen von Stimme und Wortwahl (S. 61)
→ durch Angleichen der Atmung (S. 64)
→ durch Überkreuz-Spiegeln (S. 65)

Momente des Glücks-Buch anfertigen (S. 73)

Wie Du Deinen inneren Zustand veränderst:
→ über die Körperhaltung/ -bewegung (S. 74)
→ über die Gedanken (S. 76)
→ über die Atmung (S. 83)

Einen ressourcevollen Zustand ankern (S. 87)

Genug der Worte – nur noch eines:

Es ist Deine Lebenszeit, die verstreicht und die von Dir genutzt werden möchte. Dein jetziges Leben beruht auf Deinen Entscheidungen in der Vergangenheit und Dein zukünftiges Leben wird durch Deine jetzt getroffenen Entscheidungen gestaltet.

Also entscheide Dich, was Du in Deinem Leben erreichen möchtest.

Und wenn Du Dich entschieden hast, dann gehe los und nimm all das zu Hilfe, was Dich darin unterstützt, Dein Ziel zu erreichen.

Viel Erfolg und alles Liebe!

Anhang

Kleines NLP-Lexikon – von A wie Ankern bis Z wie Ziele

Ankern ist die Verbindung eines wiederholbaren Reizes mit einer bestimmten Reaktion. Mit Ankern kannst Du gewünschte innere Zustände gezielt aufrufen. Es gibt „natürliche" Anker (z.B. wenn der Geruch von Lebkuchen Dich sofort an Weihnachten erinnert) und „künstliche" Anker (z.B. wenn Du Dein Maskottchen vor der Sportveranstaltung dreimal drückst und dadurch Zuversicht spürst).

Assoziiert bist Du, wenn Du Dich aus Deiner Person heraus erlebst. Du siehst aus Deinen Augen, Du hörst mit Deinen Ohren, Du spürst Deinen Körper. Günstig, um angenehme Erlebnisse vollständig und intensiv zu erleben. Ungünstig bei stark negativen Erlebnissen. (vgl. Dissoziiert)

Auditiv heißt den Gehörsinn betreffend. „Du bist ein auditiver Wahrnehmungtyp" meint, daß Du überwiegend den Hörsinn benutzt. In der Kommunikation benutzte Wörter, die auf eine auditive Wahrnehmung hinweisen, sind z.B. hören, abstimmen, eintönig, klangvoll, laut, Geschrei, Geräusche, ...

Augenbewegungsmuster – Während Du Dich erinnerst, Dir etwas vorstellst oder an etwas denkst, bewegen sich Deine Augen für kurze Zeit in bestimmte Richtungen. Die Augenbewegungen können Dir zusätzliche Hinweise darauf geben, wie eine Person sich gerade erinnert oder denkt. Sieht, hört oder spürt sie innerlich? Erinnert sie sich oder phantasiert sie?

Bewußt sind Dir all die Dinge, denen Du zum gegenwärtigen Zeitpunkt Deine Aufmerksamkeit schenkst. Du nimmst in einem Augenblick nur sehr begrenzt Deine Wahrnehmung, Dein Denken und Deine Handlungen bewußt wahr. Der überwiegende Teil unserer Kommunikation verläuft auf der unbewußten Ebene.

Dissoziiert bist Du, wenn Du Dir vorstellst, Deine eigene Person von einem außenliegenden Punkt zu sehen und zu hören. Du erlebst Dich nicht in Deinem Körper, sondern aus einer Beobachter-Position heraus. Hilfreich, um von negativen Erlebnissen Abstand zu gewinnen. Hinderlich, um z.B. erfüllte Sexualität zu erleben. (vgl. Assoziiert)

Future-pace heißt übersetzt der „Schritt in die Zukunft". Mit dem „Future-pace" stellst Du die Integration des Gelernten in den Alltag sicher. Er wird deshalb auch als „die Brücke in den Alltag" bezeichnet. Der „Future-pace" kann mit einfachen Anweisungen wie: „Stell Dir die nächste Situation vor, in der Du diese neuen Fähigkeiten zur Verfügung haben möchtest" oder mit Übungen und Phantasiereisen durchgeführt werden.

Glaubenssätze sind allgemeine Aussagen, z.B. über Dich selbst, Deine Beziehungen, Deinen Körper, Deinen Lebensalltag, Deine Arbeit usw., an die Du persönlich glaubst. Weil Du zu vielen Themen nicht wirklich wissen kannst, was „objektiv wahr" ist, formulierst Du Glaubenssätze. Es sind Deine persönlichen Überzeugungen und Vorstellungen – Deine „persönliche Wahrheit". Die Inhalte der Glaubenssätze beeinflussen unsere Wahrnehmung, unser Denken, unser Verhalten, unsere Fähigkeiten und unsere Empfindungen. Zur Veränderung von Glaubenssätzen bietet NLP einige interessante Techniken und Interventionen an.

Grundannahmen des NLP sind Glaubenssätze über die Natur des Menschen. Sie werden auch „Vorannahmen" oder „Präsuppositionen" genannt und bilden die Grundlage jeglicher Arbeit mit NLP. Diese Grundannahmen sind nicht die „objektive Wahrheit", sie bieten jedoch einen praktischen, ethischen und ökologischen Rahmen für die Arbeit mit NLP. Beispiel: „Jedes Verhalten hat eine positive Absicht."

Gustatorisch heißt den Geschmack betreffend. Dazu gehört alles, was Du mit Deinem Geschmackssinn wahrnehmen kannst (z.B. sauer, süß, scharf, salzig, bitter). Redewendungen, die auf eine gustatorische Wahrnehmung hinweisen, sind z.B. „ein gefundenes Fressen", „Leckerbissen", „geschmacklos" u.a.

Innerer Zustand ist alles, was sich in Dir abspielt. Dazu gehören Deine Gedanken mit den inneren Bildern und Tönen und Deine Gefühle. Es gibt innere Zustände, die Dich unterstützen und solche, die Dich nicht unterstützen, um ein bestimmtes Ziel zu erreichen. Du kannst gewünschte innere Zustände mit Hilfe Deiner Gedanken, Deiner Körperhaltung/-bewegung und der Atmung selbst herstellen.

Kalibrieren meint im technischen Sinne, daß ein Meßinstrument „geeicht" wird. In der Kommunikation „eichst" Du Deinen „Wahrnehmungsapparat" auf den Gesprächspartner. Beim „Kalibrieren" stellst Du fest, welche nonverbalen Signale zu welchen inneren Zuständen der Person gehören und kannst ihn jederzeit wiedererkennen.

Kinästhetisch heißt das Fühlen betreffend. Er nimmt „kinästhetisch wahr", meint, daß er etwas fühlt. Er ist ein „kinästhetischer Wahrnehmungstyp" meint, daß er überwiegend den Gefühlssinn nutzt. Du kannst äußere Empfindungen auf Deiner Haut (taktil) und Gefühle aus Deinem eigenen Körper wahrnehmen (z.B. in den Muskeln, Sehnen, Gelenken [propriozeptiv], Organen im Brust-, Bauch- und Beckenbereich [visceral] und über den Gleichgewichtssinn [vestibulär]). Werden in der Kommunikation vor allem Wörter wie z.B. fühlen, berührt sein, begreifen, behandeln, weich, warm, fest, glatt, sanft, Ausdruck, ... benutzt, weist das auf den kinästhetischen Wahrnehmungstyp hin.

Kommunikation ist das gesamte Verhalten in einer zwischenmenschlichen Situation (Watzlawick). Nicht nur das, was Du bewußt sagst und wie Du es sagst, gehört zur Kommunikation, sondern auch jede Verhaltensweise (Gestik, Mimik, Körperhaltung u.a.), die Du im Beisein mindestens einer Person tätigst, ist Kommunikation.

Kongruenz ist die Übereinstimmung von Denken, Fühlen und Handeln. Wenn Du kongruent bist, findet ein Zusammenspiel zwischen Deinem Gefühl, Deinem Denken und Deinem Körper statt. Du wirkst dann „authentisch" und „echt". Dagegen ist Inkongruenz, wenn jemand z.B. mit leiser Stimme „Ja" sagt, dabei jedoch mit dem Kopf „Nein" schüttelt.

Pacing und Leading heißt wörtlich übersetzt: „einhergehen" und „führend" und beschreibt den Prozeß des „Abholens" und des „Führens" einer Person innerhalb der Kommunikation in ein neues Verhalten. „Pacing" meint das Herstellen von Kontakt, indem Du Dich auf die Wahrnehmung, das Denken und das Verhalten des anderen einstellst. Durch das Verändern des eigenen Verhaltens „führt" man dann seinen Gesprächspartner ebenfalls in ein neues Verhalten. Grundlage für das Führen ist Nähe und Vertrauen (Rapport).

Modelle sind zum einen meist vereinfachte Darstellungen bzw. Abbildungen von bestimmten Sachverhalten. NLP ist in diesem Sinne ein Modell für die Struktur von subjektiven Erfahrungen. Zum anderen beschreibt das Wort „Modelle" die Personen, die Du als Vorbilder für bestimmte herausragende Leistungen ansiehst und von denen Du lernen kannst.

Modellieren ist das Lernen von erfolgreichen Modellen. Es ist das Herausfinden des „Wie genau tun sie es?". Wie verhalten sich erfolgreiche Menschen und was denken sie? Welche Strategien gebrauchen sie, und wie kannst Du diese Erfolgs-Strategien für Dein Leben und Deine Person nutzen? Du kannst all das modellieren, was andere schon haben und Du in Deinem Leben gerne hättest.

Neurolinguistisches Programmieren (NLP) ist ein dem Leben abgeschautes Modell menschlicher Kommunikation und ein praktisches Modell davon, wie Menschen erfolgreich lernen. NLP bietet einen „bunten Strauß" an Möglichkeiten, wie Du persönliche Fähigkeiten weiterentwickeln kannst.

Ökologie-Check ist die Überprüfung eines Zieles im Hinblick auf die möglichen Auswirkungen in allen Lebensbereichen („externer Ökologie-Check", z.B. Beziehungen, Umwelt, Beruf, Freundschaften). Der „interne Ökologie-Check" strebt bei bevorstehenden Veränderungen das Gleichgewicht und die Rücksichtnahme aller in einer Person beteiligten Teile an (z.B. Interessen, Glaubenssätze, Werte, Strategien, Überzeugungen, Verhaltensweisen).

Olfaktorisch ist den Geruch betreffend. Dazu gehört alles, was Du mit Deinem Geruchssinn wahrnehmen kannst. Ein schönes Buch für die olfaktorische Wahrnehmungsebene ist *„Das Parfüm"* von Patrick Süskind. Worte, die auf eine olfaktorische Wahrnehmung hinweisen, sind z.B. „es stinkt mir" und „verdufte".

Positive Absicht ist der Vorteil oder der Gewinn einer Verhaltensweise. Es ist eine Grundannahme des NLP, daß hinter jeder Verhaltensweise, mag sie noch so problematisch erscheinen, eine positive Absicht für den Anwender steckt.

Rapport meint in diesem Zusammenhang nicht eine militärische dienstliche Meldung, sondern ist die Bezeichnung für einen besonders guten zwischenmenschlichen Kontakt. Das Phänomen des Rapport kennst Du vielleicht unter Bezeichnungen wie „einen guten Draht haben", „miteinander schwingen" oder „in Verbindung sein". Rapport kann hergestellt werden über die gemeinsamen Denkweisen, Interessen und Einstellungen, aber auch über gemeinsame Körperhaltung, Sprache und Atmung.

Repräsentationssystem – Wir können Informationen in Form von Bildern, Tönen, Gefühlen, Gerüchen oder Geschmäcken wahrnehmen, abspeichern und wieder abrufen. Repräsentationssystem bezeichnet den oder die Sinneskanäle, in denen wir Informationen abspeichern und wieder abrufen. Wir haben fünf Repräsentationssysteme zur Verfügung: Visuell, Auditiv, Kinästhetisch, Olfaktorisch, Gustatorisch.

Ressourcen sind all die individuellen Fähigkeiten, Stärken und Talente, die Du in Dir trägst. Ressourcen können Verhaltensweisen, innere Zustände (z.B. Ruhe, Sicherheit, Vertrauen), Strategien, bestimmte Gedanken, höchste Werte, Erfahrungen, die Verbindung zu Deiner inneren „Energie-Quelle" oder Dein Glauben an größere Zusammenhänge sein.

Separator beschreibt die Unterbrechung gegenwärtiger innerer Zustände. Das Wort läßt sich von „to seperate" ableiten, was soviel wie „auseinanderbringen, trennen" bedeutet. Durch das Trennen von „innerem Zustand" und der „Situation" kannst Du Dir – gerade in solchen Situationen, in denen Du Dich nicht gut fühlst – wieder Ressourcen zugänglich machen.

Spiegeln ist das genaue Anpassen von Teilen des eigenen Verhaltens an das des Gesprächspartners. Dabei stellst Du Dir vor, daß Du Verhaltensweisen der Person wie in einem Spiegel wiedergibst. Du kannst die Körperhaltung/-bewegung, die Sprache, die Stimme und die Atmung widerspiegeln. Durch das Angleichen eigener Verhaltensweisen an die Deines Gesprächspartners kannst Du bewußt einen guten Kontakt herstellen. (s.a. Pacing)

Submodalitäten sind die Untereigenschaften unserer Gedanken. Nachdem Du weißt, welches Repräsentationssystem (Sehen, Hören, Fühlen, Riechen, Schmecken) Du beim Erinnern oder Denken nutzt, kannst Du nun mit den Submodalitäten noch feiner unterscheiden, wie Du genau denkst. *Visuelle Submodalitäten:* Bewegung, Helligkeit, Farbe u.a. *Auditive Submodalitäten:* Lautstärke, Tonhöhe, Entfernung u.a. *Kinästhetische Submodalitäten:* Druck, Temperatur, Intensität u.a. Die Veränderung von Submodalitäten kann eine Veränderung des Erlebens bewirken.

Strategien sind Gedanken- oder Verhaltenssequenzen, die dazu dienen, ein bestimmtes Ziel zu erreichen. Es gibt Strategien zu allen möglichen Verhaltensweisen, wie z.B. Kreativität, Selbstbewußtsein, Eifersucht, Liebe kreieren, Kontakt beenden, Spitzensportler werden, erfolgreich verkaufen. Besonders erfolgreiche Strategien werden im NLP zum Modellieren genutzt (z.B. die Kreativitäts-Strategie von Walt Disney oder die Rechtscheibstrategie).

Überkreuz-Spiegeln (Cross-pacing) bedeutet, daß Du nonverbale Signale Deines Gesprächspartners nicht direkt, sondern mit anderen nonverbalen Körpersignalen spiegeln kannst. So kannst Du z.B. mit dem Auf und Ab Deiner Handbewegung das Auf und Ab der Bewegungen des Brustkorbs Deines Gesprächspartners beim Atmen spiegeln. Wichtig beim Überkreuz-Spiegeln ist der gemeinsame Rhythmus.

Unbewußt sind all die Dinge, die von Dir – aus welchen Gründen auch immer – gerade in diesem Moment nicht aufgefaßt bzw. wahrgenommen werden können und die Dir dadurch nicht bewußt sind. Das Unbewußte unterstützt und beeinflußt unser Verhalten. Viele Tätigkeiten im Alltag übernimmt unser Unbewußtes. Manche Menschen behaupten, daß „es" der Sitz unserer Intuition und unserer Kreativität ist.

Visuell heißt das Sehen betreffend. Du nimmst „visuell wahr", meint, daß Du etwas siehst. Du bist ein „visueller Wahrnehmungstyp" bedeutet, daß Du überwiegend den Sehsinn benutzt. Wörter, die auf die visuelle Wahrnehmungsebene hinweisen, sind z.B. sehen, hell, farbig, klar, Durchblick, Ansicht, Einsehen, Ansehen, Ausblick.

Wahrnehmungsfilter schützen uns vor einer Reizüberflutung und lassen uns nur bestimmte Bereiche aus der „objektiven" Welt herausfiltern. Wir konstruieren uns – gemäß unserer individuellen, sozialen und körperlichen Möglichkeiten der Wahrnehmung – unser „subjektives" Modell der Welt. Es gibt neurologische, soziale und individuelle Wahrnehmungsfilter. Sie sind die „Brillen", die Du ständig mit Dir herumträgst. Es gibt „Brillen", durch die Du z.B. nur siehst, was bei anderen schlecht ist, und es gibt andere, durch die Du sehen kannst, was an anderen besonders schön ist.

Werte sind Deine grundlegenden Überzeugungen und Einstellungen zum Leben, die Dein Denken und Handeln bestimmen. Es sind die Antworten auf die Fragen: „Was ist Dir in Deinem Leben besonders wichtig?", „Wofür lohnt es sich zu leben?", „Wovon möchtest Du mehr und intensiver erleben?", „Was macht das Leben für Dich lebenswert?". Mögliche Antworten sind z.B. Lebensfreude, Liebe, Lebendigkeit, Harmonie, Offenheit, Spaß, Selbstverwirklichung, Vertrauen.

Ziele sind gewünschte, konkrete und sinnlich wahrnehmbare Ergebnisse. Mit Zielen formulierst Du, was Du in Deinem Leben erreichen möchtest. Ziele geben die Richtung an, in die Du Dich bewegen möchtest. Wenn Du weißt, wo Du hin möchtest, weißt Du auch, wer und was Dich darin unterstützen kann, Dein Ziel zu erreichen.

Literatur

NLP-Literatur allgemein
Andreas, C. & Andreas, S.: *Mit Herz und Verstand – NLP für alle Fälle*. Junfermann, Paderborn, [3]1997
Bandler, R.: *Veränderung des subjektiven Erlebens*. Junfermann, Paderborn, [6]2000
Bandler, R. & Grinder, J.: *Metasprache und Psychotherapie: Die Struktur der Magie I*. Junfermann, Paderborn, [9]1998
Bandler, R. & Grinder, J.: *Kommunikation und Veränderung: Die Struktur der Magie II*. Junfermann, Paderborn, [8]2001
Kutschera, G.: *Tanz zwischen Bewußt-sein und Unbewußt-sein: NLP-Arbeits- und Übungsbuch*. Junfermann, Paderborn, [2]1996
Luther, M. & Maaß, E.: *NLP-Spiele-Spectrum: Basisarbeit. Übungen – Spiele – Phantasiereisen*. Junfermann, Paderborn, [4]2001
Mohl, A.: *Der Zauberlehrling. Das NLP-Lern- und Übungsbuch*. Junfermann Verlag, Paderborn, [7]2001
O`Connor, J. & Seymour, J.: *Neurolinguistisches Programmieren: Gelungene Kommunikation und persönliche Entfaltung*. VAK, Freiburg, 1992
Ötsch, W. & Stahl, Th.: *Das Wörterbuch des NLP*. Junfermann, Paderborn, 1997
Robbins, A.: *Grenzenlose Energie – Das Power-Prinzip*. Heyne, München, 1993
Robbins, A.: *Das Robbins-Power-Prinzip: Wie Sie Ihre wahren inneren Kräfte sofort einsetzen*. Heyne, München, 1994
Rückerl, T.: *NLP in Stichworten – ein Überblick für Einsteiger und Fortgeschrittene*. Junfermann, Paderborn, [2]1996

NLP & Lehren lernen
Cleveland, B.F.: *Das Lernen lehren – erfolgreiche NLP-Unterrichtstechniken*. VAK, Freibung, [2]1995
Grinder, M.: *NLP für Lehrer. Ein praxisorientiertes Arbeitsbuch*. VAK, Freiburg, [3]1994
Grinder, M.: *Ohne viele Worte. Nonverbale Muster für erfolgreiches Unterrichten*. VAK, Freiburg, 1995
Kline, P.: *Das alltägliche Genie oder: Wie man sich in das Lernen (neu) verlieben kann*. Junfermann, Paderborn, [2]1996
Lloyd, L.: *Des Lehrers Wundertüte. NLP macht Schule (Leitfaden zur Unterrichtsplanung)*. VAK, Freiburg, [3]1995
O`Connor, J. & Seymour, J.: *Weiterbildung auf neuen Kurs – NLP für Trainer, Referenten und Dozenten*. VAK, Freiburg, 1994

NLP & Gesundheit
Dilts, R.: *Identität, Glaubenssysteme und Gesundheit: Höhere Ebenen der NLP-Veränderungsarbeit*. Junfermann, Paderborn, [3]1998
Mast, K.: *Kommunikation in Weiß – Neurolinguistisches Programmieren für Ärzte und Heilberufe*. Junfermann, Paderborn, 1995
McDermott, I. & O`Connor, J.: *NLP und Gesundheit: die offenen Geheimnisse der Gesunden*. VAK, Freiburg, 1997

NLP & Therapie
Andreas, C. & Andreas, T.: *Der Weg zur inneren Quelle – Core-Transformation in der Praxis. Neue Dimensionen des NLP*. Junfermann, Paderborn, [2]1997
Bandler, R. & Grinder, J.: *Neue Wege der Kurzzeit-Therapie -Neurolinguistische Programme*. Junfermann, Paderborn, [13]2001

Bandler, R. & Grinder, J.: *Reframing – ein ökologischer Ansatz in der Psychotherapie.* Junfermann, Paderborn, [7]2000

Cameron-Bandler, L.: *Wieder zusammenfinden, NLP – neue Wege der Paartherapie.* Junfermann, Paderborn, [7]1997

Satir, V.: *Kommunikation, Selbstwert, Kongruenz.* Junfermann, Paderborn, [6]1999

NLP & Business

Bachmann, W. & Prister, A.: *Win-Win: Die Handschrift des erfolgreichen Verkäufers.* Junfermann, Paderborn, 1992

Bandler, R. & Donner, P.: *Die Schatztruhe – NLP im Verkauf.* Junfermann, Paderborn, [3]2001

Laborde, G.Z.: *Kompetenz und Integrität. Die Kommunikationskunst des NLP.* Junfermann, Paderborn, [4]1998

Maaß, E. & Ritschl, K.: *Coaching mit NLP. Erfolgreich coachen in Beruf und Alltag. Ein Übungsbuch.* Junfermann, Paderborn, [2]1999

Maaß, E. & Ritschl, K.: *Teamgeist – Spiele und Übungen für die Teamentwicklung.* Junfermann, Paderborn, [3]2000

O'Connor, J.: *Führen – mit NLP. Pfad-Finder im innovativen Unternehmen.* VAK, Kirchzarten, 1999

O'Connor, J. & Prior, R.: *Fair verkauft (sich) gut. Mit Ethik und Effizienz zu einem neuen Markt.* VAK, Freiburg, 1996

Ergänzende und weiterführende Literatur

Argyle, M.: *Körpersprache und Kommunikation.* Junfermann, Paderborn, [7]1995

Maaß, E. & Ritschl, K.: *Die Freiheit zu lieben – Übungen & Phantasiereisen für eine gelingende Partnerschaft.* Junfermann, Paderborn, 2000

Maaß, E. & Ritschl, K.: *Das Spiel der Intelligenzen – Übungs- und Spiele-Spectrum für: Kreativität, Flexibilität und spielerisches Lernen.* Junfermann, Paderborn, 1998

Maaß, E. & Ritschl, K.: *Phantasiereisen leicht gemacht: – Die Macht der Phantasie.* Junfermann, Paderborn, [3]2000

Roberts, J.: *Die Natur der persönlichen Realität – ein neues Bewußtsein als Quelle der Kreativität.* Ariston, Genf, 1985

Sacks, O.: *Stumme Stimmen, Reise in die Welt der Gehörlosen.* Rowohlt Taschenbuch Verlag, Reinbek, 1992

Sacks, O.: *Der Mann, der seine Frau mit einem Hut verwechselte.* Rowohlt, Reinbek, 1987

Schelp, B.: *Gleichnisse: von den Meistern erzählt.* Clausthal-Zellerfeld, Param, 1982

Wahren, H.-K.: *Zwischenmenschliche Kommunikation und Interaktion in Unternehmen: Grundlagen, Probleme und Ansätze zur Lösung.* de Gruyter, Berlin, 1987

Watzlawick, P.: *Anleitung zum Unglücklichsein.* Piper, München, 1983

Watzlawick, P.: *Menschliche Kommunikation: Formen, Störungen, Paradoxien.* Hans Huber, Bern, [7]1985

Stichwortverzeichnis

A
Affirmationen 28
Ankern
   – von Ressourcen 87f
Anwendungsbereiche 91
Ausbildungen 99ff
   – Master-Practitioner- 101
   – Practitioner- 99ff
   – Trainer- 101
   – Zertifikat von 102
Aussichten 111
Atmung 83
Audio-Kassetten 109
Augenbewegungsmuster 52f
Assoziiert 78
Auditiv 51

B
Belief-Systeme 91

C
Coaching 93f

D
Dissoziiert 78

E
Einführungsveranstaltungen 110
Evidenz 34

F
Fragen für den Tag 56
Future-pace 91

G
Geschichte
   – vom Wunschbaum 30
   – mit dem Hammer 76
   – vom Kind 77
Gesundheitswesen 95f
Grundannahmen 14, 89
Grundfertigkeiten 89

H
History-Change 91
Höchste Werte 91

I
Info-Abende 109
Inkongruenz 55
Innerer Zustand 64, 71, 84ff

K
Kalibrieren 47
Kinästhetisch 51
Körpersprache 46, 54, 74ff
Kommunikation
   – bewußt 17
   – unbewußt 17
Kongruenz 54
Kritisches 103

L
Landkarte 15, 41
Lebensfreude 71, 107
Lernen am Modell 12

M
Manipulation 104
Management 92f
Master-Modelling 11
Meta-Modell 90
Milton-Modell 90
Modellieren 90
Momente des Glücks 73
Moment of excellence 91

N
NLP
   – Definition 12f
   – Entstehung 11
   – Geist des 14
   – Lexikon 114
   – Vorgehensweise des 20

O
Ökologie 33
Offenes System 20

P

Pacen	66
Pacen und Leaden	66ff
Pädagogik	91f
Partnerschaft	48, 65
Positive Absicht	17, 33
Psychotherapie	96f

R

Rapport	22, 58f
Reframing	90
Reimprinting	91
Repräsentationssystem	39
Ressourcen	15

S

Schlechter Tag	71
Schöner Tag	86
Seminare	98
– zielgruppenorientierte	102f
– themenorientierte	103
Seperator	74
Sozialarbeit	97f
Spiegeln	58
– der Körperhaltung	60f
– der Stimme	61ff
– der Wortwahl	61ff
– der Atmung	64
– Überkreuz-	65
Sprache	50
Strategien	90
Submodalitäten	78ff

U

Überkreuz-Spiegeln	65
Untereigenschaften	78ff

V

Verkaufsbereich	94f
Video-Kassetten	109
Visionäres	107
Visuell	51

W

Wahrnehmung	39, 96
Wahrnehmungsfilter	
– neurologische	42
– soziale	42f
– individuelle	43
Wahrnehmungstypen	49

Z

Zielbuch	35
Ziele	25
– Formulierung der	26f
– Kontext der	26f
– Ökologie der	26f
– Positive Absicht der	26f
– Evidenz der	26f
– Innere Zustände und	26f
Zielsatz	26f
Zielsatzkriterien	26
Zugangshinweise	49

Wir über uns

Wir, Evelyne Maaß und Karsten Ritschl, leiten seit vielen Jahren gemeinsam das Weiterbildungsinstitut *Spectrum KommunikationsTraining* in Berlin.

Wir lehren aus der Praxis für die Praxis und setzen uns ein für lebendiges lustvolles Lernen. In unseren schönen Räumen in Berlin schaffen wir eine Atmosphäre, in der es leicht fällt, gleichzeitig etwas für seine berufliche Kompetenz und persönliche Weiterbildung zu tun:

Lernen kann und soll Spaß machen.

Wer daran interessiert ist, unsere Arbeit persönlich kennenzulernen, ist herzlich eingeladen, an einem unserer offenen Seminare teilzunehmen.

Unser Angebot:
- Coach-Ausbildung
- NLP-Ausbildungen aller Stufen
- Seminar „Die Macht der Sprache"
- Seminar „Erfolgreiches Team-Coaching"
- Seminar „Selbst-Management"
- Ausbildung zum Teamentwickler

Wir informieren Sie gerne über unser aktuelles Programm:

Spectrum KommunikationsTraining
Stierstr.9 (Ecke Bennigsenstr.)
12159 Berlin (Friedenau)
Fon 030/852 43 41
Fax 030/852 21 08
e-mail: info@nlp-spectrum.de
Internet: www.nlp-spectrum.de

Sollten Sie an firmeninternen Fortbildungsmaßnahmen zu den Themen:
- Coaching + Selbstmanagement
- Kommunikation und Teamentwicklung
- Kreativität und Persönlichkeitsentwicklung

interessiert sein, nehmen Sie mit uns Kontakt auf.

Wir würden uns über eine Zusammenarbeit sehr freuen.

Notizen

Notizen

Der Weg zum respektvollen Miteinander

MARSHALL B. ROSENBERG

»Gewaltfreie Kommunikation«
Eine Sprache des Lebens

Wie kann man sich auch in Konfliktsituationen so verhalten, dass man seinen Mitmenschen respektvoll begegnen und gleichzeitig die eigene Meinung vertreten kann – ohne Abwehr und Feindseligkeit zu erwecken?

Mit der Gewaltfreien Kommunikation! Die Methode setzt darauf, eine Konfliktsituation zu beobachten, Gefühle auszusprechen, Bedürfnisse aufzudecken, und dann den anderen zu bitten, sein Verhalten zu überdenken. Ehrlichkeit, Empathie, Respekt und Zuhören-Können stehen dabei im Vordergrund. Mit Hilfe von Geschichten und beispielhaften Gesprächen zeigt M. Rosenberg alltägliche Lösungen für Kommunikationsprobleme.

Bestseller – 100.000 verkaufte Exemplare!

Dr. Marshall B. Rosenberg ist Konfliktmediator und Begründer der GFK. Er lehrt in Europa und den USA und reist regelmäßig in Krisengebiete, wo er Ausbildungen und Konfliktmediationen anbietet.

Weitere erfolgreiche Titel zur GFK:

»Trainingsbuch GFK«
ISBN 3-87387-548-1
»Die Sprache des Friedens ...«
ISBN 3-87387-640-X
»... und immer sagen wir ›bitte‹ oder ›danke‹«
ISBN 3-87387-627-2

www.junfermann.de

Junfermann Verlag

Die Herausforderungen der Zukunft meistern

224 Seiten, kartoniert • € (D) 22,- • ISBN 3-87387-633-7
REIHE: COACHING & BERATUNG

STÉPHANE ETRILLARD
»Prinzip Souveränität«
Ihre Konstante in einer komplexen Welt. Als souveräne Persönlichkeit sicher entscheiden und handeln

Stéphane Etrillard ist ein gefragter Kommunikationsexperte und zählt zu den innovativsten Vertriebstrainern der neuen Generation.

»Stéphane Etrillard gilt als führender Experte zum Thema »persönliche Souveränität« und zeigt uns in seinem neuen Werk, wie wir als souveräne Persönlichkeit sicher entscheiden und handeln können. Er erklärt ausführlich den Begriff »Souveränität« und beschreibt, welche Voraussetzungen man für Souveränität haben muss und wie man mit ihr in der Praxis und im Umgang mit Schwierigkeiten zurecht kommt. Am Ende jedes Kapitels schildert Etrillard die Lebensgeschichten bekannter Persönlichkeiten (z.B. Johnny Cash, Coco Chanel, Edzard Reuter). Ein sehr gelungenes Buch für jeden, der (s)eine souveräne Persönlichkeit entwickeln und werden will.«
– Prof. Dr. Lothar Seiwert

Schon gelesen? **»Kommunikation & Seminar«:**

Das Junfermann-Magazin für professionelle Kommunikation: NLP, Gewaltfreie Kommunikation, Coaching und Beratung, Mediation, Pädagogik, Gesundheit und aktive Lebensgestaltung.

Mit ausführlichen Schwerpunktthemen, Berichten über aktuelle Trends und Entwicklungen, übersichtlichem Seminarkalender, Buchbesprechungen, Interviews, Recherchen, Trainerportraits, ...
Mehr darüber? Ausführliche Informationen unter:

www.ks-magazin.de

Junfermann Verlag

Schluss mit lustig!

320 Seiten, kartoniert • € (D) 22,50 • ISBN 3-87387-598-5

KELLY BRYSON
»Sei nicht nett, sei echt!«
Handbuch für Gewaltfreie Kommunikation

Wer immer nur nett und freundlich ist, der wird nicht gehört – und irgendwann auch nicht mehr ernst genommen. Genau so ergeht es Menschen, die sich hinter einer Maske der Autorität verstecken. Kurz: Wer sich verstellt, kommt bei seinen Gesprächspartnern mit seiner Botschaft oft nicht an. Kelly Bryson zeigt in diesem Buch, wie wichtig Authentizität in der Kommunikation ist. Seine eigenen Gefühle zu erkennen und auszudrücken, das bedeutet, sich selbst einfühlsam wahrzunehmen, »echt« zu sein – und damit fällt es leichter, auch andere mit ihren Bedürfnissen anzuerkennen. So funktioniert die GFK!

Kelly Bryson ist seit mehr als 30 Jahren Familientherapeut. Zwölf Jahre verbrachte er als Mönch in einem Ashram und 20 Jahre war er als Trainer für das CNVC tätig.

»Bereiten Sie sich darauf vor, einige unkonventionelle Antworten auf große Fragen über Glück und Beziehungen zu erhalten. Kellys Geschichten aus dem Leben, sein Humor und seine erfrischenden Theorien geben eine anschauliche Einführung in die Wirkungsweise von Integrität und Authentizität.« – John Gray

Ausführliche Informationen mit Inhaltsverzeichnis und original »Seiten-Blicken« sowie weitere erfolgreiche Titel zum Thema finden Sie auf unserer Homepage.

www.junfermann.de
Ihr direkter Draht zum Verlag

Coaching fürs Leben

Junfermann Verlag

Die große Gesamtschau des NLP

944 Seiten, in 2 Teilbänden • € (D) 39,90 • ISBN 3-87387-615-9
REIHE KOMMUNIKATION · NLP

ALEXA MOHL

»Der große Zauberlehrling«

Das NLP-Arbeitsbuch für Lernende und Anwender

Aufbauend auf dem Bestseller »Der Zauberlehrling« enthält dieses Buch eine systematische Darstellung der Kommunikationsmethoden und Vorgehensweisen des NLP. Es enthält die Ergebnisse der Begründer des NLP und stellt darüber hinaus die wichtigsten Arbeiten ihrer Nachfolger dar. Das Buch wurde für Lernende des NLP der Practitioner- und Masterstufe geschrieben.

»Wie das vorliegende Buch zu benutzen ist, möchte ich dem Interesse meiner Leser überlassen. Sie können sich ein Gesamtverständnis dieser Disziplin, ihrer Wurzeln, ihres Wesens und ihrer praktischen Bedeutung erarbeiten. Sie können sich auf Einzelthemen konzentrieren, sich NLP als Kommunikationskunst aneignen oder bestimmte Kategorien der Veränderungsarbeit studieren. Und Sie können dieses Buch als Nachschlagewerk für NLP-Formate benutzen.« – Alexa Mohl

Dr. Alexa Mohl ist psychologische Beraterin, Führungstrainerin und Coach. Sie entwickelt und leitet Seminare für die Weiterbildung von Führungskräften und die Managementausbildung von Frauen.

Das komplette Junfermann-Angebot rund um die Uhr. – Schauen Sie rein!

Sie möchten mehr zu unseren aktuellen Titeln & Themen erfahren? Unsere Zeitschriften kennenlernen? Veranstaltungs- und Seminartermine nachlesen? In aktuellen Recherchen blättern?

Besuchen Sie uns im Internet!
www.junfermann.de

Junfermann Verlag